Franz Scheichl

Der Buddhismus und die Duldung

Eine Studie

Franz Scheichl

Der Buddhismus und die Duldung
Eine Studie

ISBN/EAN: 9783743693913

Hergestellt in Europa, USA, Kanada, Australien, Japan

Cover: Foto ©Lupo / pixelio.de

Weitere Bücher finden Sie auf **www.hansebooks.com**

Der Buddhismus und die Duldung.

Eine Studie
von
Dr. Franz Scheichl.

Linz 1899.
Druck und Verlag von E. Mareis
in Linz.

Für die gütige Ueberlassung der zu dieser Arbeit benützten Werke sagt der Verfasser hiemit dem Director der königl. bayer. Hof- und Staatsbibliothek in München, Herrn Dr. v. Laubmann, seinen ergebensten Dank. Ebenso ist er für die Durchsicht der Schrift seinem Freunde Herrn Karl Kranzl, Lehrer an der Lehrerbildungsanstalt in Linz, herzlich verpflichtet.

Ein eigenthümlicher Zauber ruht über Indien. Es war stets die Sehnsucht träumerischer Geister. Wie viele Dichter haben nicht die Lotosblume besungen und dem Rauschen der Gangeswellen gelauscht? Der Name Indien weckt eine Fülle farbenprächtiger Bilder. Von den im Glanze ewigen Schnees ragenden Gipfeln des Himalaya schweift der Blick zu den üppigen Wäldern und fruchtbaren Fluren an den gewaltigen Stromläufen. Ein reiches buntes Leben flutet überall. Zu der großartigen Natur gesellt sich eine ebenso gewaltige geschichtliche und literarische Vergangenheit. Alexander den Großen und Timur lockte das Zauberland, ihre Welt=eroberungszüge dorthin auszudehnen. Heute verleiht der Besitz Indiens dem meerbeherrschenden Albion seine gewaltige Macht.

Die indische Dichtkunst zeitigte einen Garten üppiger Blumen voll berauschenden Duftes. Die Stimme Kalidâsas klingt volltönend aus dem Chore der Dichterfürsten der Welt.

Vieles, was die besten Geister der Welt je gedacht, war schon den Weisen Indiens gegönnt, vorahnend zu schauen. Die Duldung in Glaubenssachen, die heute noch nicht ein Gemeingut der Völker geworden, hatte schon vor Jahrtausen=den eine Heimstätte in Indien gefunden. Ist das nicht Grund genug zu unserer Bewunderung für dieses merkwürdige Land? Schon unmittelbar vor Buddha herrschte nach Oldenbergs Meinung in Indien „die absoluteste Gewissensfreiheit, die je bestand."[1]) Wenn auch diese Behauptung, nach meiner Anschauung wenigstens, zu weit geht, so lassen sich für die vorbubbhistische Zeit manche Belege erbringen, die darthun, daß selbst zur Zeit der Brahmanenherrschaft und noch früher ein überraschend bulbsamer Geist das indische Volk beseelte. In der ersten Hälfte des zweiten Jahrtausendes vor Christus waren im Stromgebiete des mittleren und oberen Indus Arier, Inder genannt, seßhaft.[2]) Sie waren von Nordwesten her über gewaltige Felsenberge in die Hochthäler und Niederungen des westlichen Indiens eingewandert. Erst später drangen sie auch nach Osten und Süden erobernd vor. Sie trieben hauptsächlich Viehzucht, daneben aber auch Ackerbau. Bei diesem Volke zeigen sich menschlich schöne Züge, die uns überraschen. Die Ehe ward heilig gehalten; Untreue galt als eines der schwersten Vergehen; Mildthätigkeit gegen die Armen und Dürftigen wurde hochgepriesen. Die Dichtkunst stand schon frühzeitig in hoher Blüte. Eine große Anzahl Lieder sind auf uns gekommen, die ein Alter von mehr denn dreieinhalbtausend Jahren aufweisen. Diese Liedersammlung führt den Titel Rigveda: Das Wissen der Lieder. Die meisten Hymnen sind religiösen Inhaltes und meist ungekünstelte Aeußerungen frommer Dichterherzen. „Von der späteren Offenbarungstheorie wissen die Lieder noch nichts." Die meisten drehen sich um die Opfergaben, die den Göttern dargebracht wurden, und stehen auf dem Standpunkte wechselseitigen Nutzens, so daß nicht nur die Menschen von den Göttern, sondern auch diese von den Menschen abhängig sind. Die Opferhandlungen wurden in der Folge mit vielem Beiwerk ausgestattet, und so entwickelte sich allmählig eine Priesterschaft von weitreichendem Einflüße. Die Brahmanen kamen schließlich dazu, sich selbst den Göttern beizuzählen.

Der vedische Glaube ist ein milder. Der Schatten sind wenige; helle Lichtwogen umfluten die Götter, die nichts anderes sind als Vermenschlichungen der Naturgewalten. Auf Erden, im Lufttraume und im lichten Himmel sind die Götter die Hüter des Lichtes für die Menschen. Die höchsten Götter verkörpern das Licht in seinen verschiedenen Aeußerungen. Nach dem Tode wohnen die gottergebenen Männer in den höchsten Himmelsräumen, wo unvergängliches Licht strahlt und ewige Wasser quellen. Von dem Orte der Qual, wo die Bösen hausen, weiß der Rigveda nichts zu berichten.

Diese Lichtreligion vergeistigte sich später namentlich im Buddhismus mehr und mehr. Die Menschenseele erschien als Theil des großen die Welt durchflutenden und Leben erzeugenden Lichtes. Je reiner diese Flamme brennt, desto ähnlicher wird der einzelne dem Weltlichte, der Weltseele, der Gottheit. Da, wo der einzelne Menschengeist als Ausfluß der einen göttlichen Lichtquelle erscheint, müssen sich die Menschen als Brüder lieben. Da ist kein Raum für Unduldsamkeit wegen abweichender Meinungen oder wegen größerer oder geringerer Leuchtkraft in der Menschenseele.

Schon unter den vedischen Dichtern gab es Denker, die wohlgemuth die kühnsten Fragen aufwarfen. So fragt ein Dichter nach dem Wesen der Götter; er glaubt wohl nur an **e i n e n G o t t** oder vielleicht auch an den nicht.

„Zuerst ins Dasein trat der gold'ne Glanzkeim,
Geboren als des Weltalls einz'ger Meister.
Er stellt die Erde fest und jenen Himmel:
S a g t, w e l c h e m G o t t e b r i n g e n w i r d a s O p f e r?"

„Der Leben gibt und Kraft gibt, dessen Weisung
Sich alle Wesen, auch die Götter fügen,
Des Schattenbild Unsterblichkeit und Tod sind:
S a g t, w e l c h e m G o t t e b r i n g e n w i r d a s O p f e r?"

„Er, der durch Macht allein zum König wurde
Von allem, was sich regt, was athmet, schlummert;
Der aller Menschen Herr und des Gethieres —
S a g t, w e l c h e m G o t t e b r i n g e n w i r d a s O p f e r?"

„Er, beſſen Macht die ſchneebedeckten Berge,
Das Meer mitſammt dem fernen Strom verbunden,
Des Arme ſind die Himmelsregionen —
Sagt, welchem Gotte bringen wir das Opfer?"

„Er, der den Himmel ſtark, die Erde feſt ſchuf,
Das Lichtmeer ſtürzte und den Dom des Himmels,
Er, der der Lüfte dunkeln Raum durchmeſſen —
Sagt, welchem Gotte bringen wir das Opfer?"

„Zu dem empor, durch ſeinen Schutz gefeſtigt,
Die beiden Heere ſchau'n, im Herzen ſchauernd,
Er, über dem die Morgenſonn' emporflammt —
Sagt, welchem Gotte bringen wir das Opfer?"[3]

Ein anderer Dichter geht noch weiter; er fragt nach dem Urſprunge des Seins. Welch kühner Zweifel ſpricht aus folgenden Worten:

„Wer weiß es recht, wer kann es uns verkünden,
Woher entſtand, woher ſie kam, die Schöpfung,
Und ob die Götter nach ihr erſt geworden?
Wer weiß es doch, von wannen ſie gekommen?"

„Von wannen dieſe Schöpfung iſt gekommen,
Ob ſie geſchaffen oder unerſchaffen,
Das weiß nur der, des Auge ſie bewachet.
Vom höchſten Himmel — oder weiß auch er es nicht?"

Man ſieht daraus, daß ſich ſchon frühzeitig ſo manche Denker die Entſtehung der Schöpfung zu erklären ſuchten. Die meiſten nehmen einen Urgeiſt an. Wenige bekannten ſich zum Urſtoff. Sie waren gefährliche Feinde der Strenggläubigkeit und bauten dem Buddhismus vor.[4]

Aehnliche Aeußerungen gibt es noch viele andere, z. B.:

„Wer weiß es recht, wer kann es uns verkünden,
Wo iſt der Pfad, der zu den Göttern führt?
Nur ihre tiefſten Stätten ſind uns ſichtbar,
Auch ſie in fern geheimnisvollen Reichen."[5]

„Wie höret, was gerufen wird, denn Indra?*
Wie, wenn er's hört, wüßt er davon Erlösung?
Wo denn, wo ist sein reicher Trosteszuspruch?
Wie nennt man ihn freigebig für den Sänger?⁶)
„Erhebt ein lautes Loblied um die Wette
Ein wirkliches dem Indra, wenn er wirklich.
„Den Indra gibt es nicht", sagt mir mancher,
„Wer sah ihn denn? Was sollen wir ihn preisen?" ⁷)

Ein wohl der späteren Zeit angehöriger Spruch führt den Gedanken näher aus: Jeder Mensch trägt seinen eigenen Gott im Herzen; jeder Mensch ist seines Schicksals Meister. Er lautet: „Wir verbeugen uns vor den Göttern; aber ach, auch sie stehen in der Gewalt des Schicksals. Dann muß das Schicksal verehrt werden; aber auch dieses gibt jedesmal nur den bestimmten Lohn für jedes Werk. Der Lohn hängt von den Werken ab; was nützt uns die Schar der Götter und was das Schicksal? **Ehre also den Werken, über die sogar das Schicksal nichts vermag.**"⁸)

Diese Dichter sind selbstverständlich Anhänger der Duldsamkeit gewesen. Wer sich seiner eigenen Unzulänglichkeit bewußt ist, das Ueberirdische zu erforschen, wird auch seine eigene Meinung niemandem aufdrängen. Diese Aeußerungen beweisen, daß man in der vedischen Zeit seine Meinung frei und offen sagen konnte, ja sogar das Dasein der Götter anzuzweifeln durfte, ohne Furcht vor einem alle Geister in Fesseln schlagenden Priesterthume, das erst im Werden begriffen war. Kurz gesagt, die Lieder des Rigveda kennen die Unduldsamkeit in Glaubenssachen noch nicht.

Doch es sollte bald anders werden.

Mit dem Heranbilden der Priesterkaste, der Brahmanen, begann sich auch die Unduldsamkeit zu regen. Nicht ohne

---

* Indra der nationale Kampfesgott der Inder.

Kampf konnten die Priester ihre Herrschaft begründen. Der kriegerische Adel versuchte mehrmals, wiewohl vergebens, das immer drückender werdende Joch der Brahmanen abzuschütteln.

Schwer lastete ihre Hand auf Indien. Alle Vorkommnisse des Lebens, die freudigen und die traurigen, wurden zur Religion in Beziehung gebracht. Diesen Vorschriften hatte sich jedermann genau zu fügen. Aber es kam dabei nur auf Aeußerlichkeiten an. Ins Herz leuchtete niemand hinein. Man könnte also sagen: Die Brahmanenherrschaft zeitigte Bekenntniszwang und Gewissensfreiheit. Der darin liegende Widerspruch ist nur scheinbar. Max Müller[9]) spricht sich darüber folgendermaßen aus: „Es scheint fast unbegreiflich, daß eine Nation unter einem System hat leben können wie das der brahmanischen Hierarchie, die jede Handlung, sie mochte öffentlich oder privat sein, überwachte und beeinflußte, und die denen, die die Gunst der Priester verscherzt hatten, das Leben unerträglich machte.... Kein Volk hat je den Zügel des Priesters in dem Grade empfunden, wie die Hindus unter der Herrschaft des brahmanischen Gesetzes. Auf der anderen Seite aber gestattete man demselben Volke, sich der uneingeschränktesten Denkfreiheit hinzugeben, und in ihren philosophischen Schulen wurden nicht einmal die Namen der Götter erwähnt." Vor allem muß festgehalten werden, daß es keine Ketzergerichte und Ketzerstrafen nach dem Muster des mittelalterlichen Christenthums unter der Brahmanenherrschaft gab.[10])

Das Gesetzbuch des Manu[11]), welches zwar schon der buddhistischen Zeit angehört, aber ganz von brahmanischem Geiste durchweht ist, enthält unter anderen folgende Aeußerungen und Bestimmungen über die von der Strenggläubigkeit Abweichenden:

„Alle diejenigen Ueberlieferungen und alle jene verächtlichen Systeme der Philosophie, welche nicht auf dem Veda begründet sind, finden keine Belohnung nach dem Tode; denn sie sind auf der Finsternis begründet."[12])

„Das Eigenthum anderer zu begehren, in seinem Herzen zu denken, was nicht wünschenswert ist, und das Hängen an falschen Lehren sind die drei Arten des Sündigens im Geiste." [13])

„Jenes Königreich, welches von Atheisten verpestet wird, geht bald gänzlich zugrunde, heimgesucht von Hunger und Krankheit." [14])

„Wisse, daß ein König, welcher die Regeln des Gesetzes nicht beachtet, der ein Atheist und raubgierig ist, der seine Unterthanen nicht beschützt, sondern sie verschlingt, nach dem Tode tief sinken wird." [15])

„Ein Brahmane soll nicht in einem Lande wohnen welches Häretikern unterworfen ist." [16])

„Ein Brahmane soll den Atheismus vermeiden, das Bekritteln der Bedas, die Verachtung der Götter." [17])

„Manu hat erklärt, daß jene Brahmanen, welche Diebe, Ausgestoßene, Eunuchen oder Atheisten sind, unwürdig erscheinen, an einem Trankopfer an die Götter und Manen theilzunehmen." [18])

„Ein Epileptiker, einer der an scrofulösen Schwellungen der Drüsen leidet, einer der mit weißem Aussatze behaftet ist, ein Angeber, ein Wahnsinniger, ein Blinder, und derjenige, der den Veda bekrittelt, müssen alle vermieden werden." [19])

„Spieler, Tänzer und Sänger, grausame Menschen, Leute, die zu einer Gemeinschaft von Ketzern gehören, jene, welche verbotenen Beschäftigungen nachgehen, und Verkäufer geistiger Getränke sollen sogleich aus der Stadt verbannt werden." [20])

„Stehlen von Korn, unedlem Metalle oder Vieh, Verkehr mit Frauen, welche geistige Getränke zu sich nehmen, das Tödten von Weibern, Sûdras, Vaisyas oder Kshatrijas* und Atheismus verursachen den Verlust der Kaste." [21])

---
* Die Sûdras, die Kaste der unterworfenen Einheimischen; Vaisyas, die Kaste der Ackerbauer; die Kshatrijas die Kriegerkaste.

„Trankopfer sollen denen nicht dargebracht werden, welche die vorgeschriebenen Gebräuche vernachlässigen und von denen man sagen kann, daß sie vergebens geboren worden sind; denen, die infolge ungesetzlicher Mischung der Kasten geboren worden, denen, welche strenge Anhänger der Ketzergemeinschaften sind, und denen, welche Selbstmord begangen haben; den Frauen, welche sich einer ketzerischen Genossenschaft zugesellt haben, die in Lust mit vielen Männern leben, die eine Fehlgeburt verursacht haben, die ihre Männer getödtet haben." [22])

„Ein Brahmane soll nicht einmal mit einem Gruße Ketzer oder die gegen den Veda Kämpfenden ehren." [23])

„Ein Atheist und ein Verächter des Veda muß von den Tugendhaften ausgestoßen werden." [24])

Im Epos Râmâyana findet sich in dem Gespräche zwischen einem Brahmanen und einem Prinzen der Satz:

„Der ruchlose Sünder, welcher nach ketzerischen Lehren lebt, erlangt keine Achtung von guten Menschen." [25])

Auch in anderen Büchern wird das Verbrechen des Atheismus gestreift. So heißt es einmal: „Das Studieren irreligiöser Bücher gehört zu den Verbrechen im 4. Grade." — Ein anderesmal: „Ein Atheist muß zur Strafe ein Jahr lang von Almosen leben." [26])

Streng waren die Bestimmungen gegen diejenigen, die dem Orden der Asceten angehörten und ihre Pflicht verletzten. Diese sollten mit einem Hundefuße gebrandmarkt und dann des Reiches verwiesen werden. [27])

Aus den angeführten Bestimmungen geht hervor, daß Gottes- oder Götterleugnung in Indien schon in früher Zeit sehr häufig gewesen ist.

Sieht man genauer zu, so findet man, daß nur wenige Bestimmungen praktische Unduldsamkeit athmen. Verdammung ihrer Lehre und Androhung von Strafen nach dem Tode können die Andersgläubigen kalt lassen, wenn man sie nur bei Lebzeiten nicht verfolgt. Und diese thatsächliche Duldung ist für die andersgläubige Minderheit das Maßgebende.

Die wirkliche Unduldsamkeit der Brahmanen beschränkte sich also darauf, die Ketzer und Atheisten nicht zu grüßen, ihnen Trankopfer und Nahrung zu versagen. Im schlimmsten Falle wurden sie aus der Kaste ausgestoßen und des Landes verwiesen.

Wie harmlos nimmt sich diese Unduldsamkeit neben der des christlichen Mittelalters aus, die sogleich das gräßliche Bild rauchender Scheiterhaufen und schmorender Menschenleiber vor unseren Augen erstehen läßt.

Unter sich waren auch die Brahmanen, als die Wissenden, wie die ägyptischen Priester untereinander, innerhalb des Rahmens ihres philosophischen Lehrgebäudes duldsam. Sie bemühten sich in jahrhundertlanger Denkarbeit das Wesen des Atman, der Quelle alles Lebens und Lichtes, zu erforschen. So manche stolze Königsburg, deren Zinnen sich in den Fluten des Ganges wiederspiegelten, sah in ihrem Thronsaale die Blüte des Volkes zu gewaltigen Redeschlachten versammelt. Da suchte der eine mit der Schärfe des Verstandes, der andere mit dem Seherblicke des Dichters das Wesen des Atman zu ergründen. Keiner vermochte darzuthun, daß er allein das Rechte wisse. Und so mußte jeder die Ansicht des andern ehren.[26]) Diese Kämpfe kamen natürlich der gegenseitigen Duldung zugute. Da, wo man ehrlich nach Wahrheit ringt, ist die Duldung gegen fremdes Denken immer daheim.

Allmählich verknöcherte freilich die Lehre der Brahmanen, und es bildete sich ein strenggeschlossenes Lehrgebäude aus, das jede selbständige Regung des Geistes unmöglich machte.

Den erhabensten und schönsten Ausdruck fand der duldsame Sinn in Buddha. Sein Leben fällt in das 6. Jahrhundert vor Christus.

Buddha war der Sohn eines vornehmen Grundbeigners, den erst die Legende zum Könige machte. Seine Heimat lag im Norden des mittleren Indien. Er trieb sich gerne im Freien umher und lag oft träumend im Schatten eines Baumes, während seine Blicke über die wogenden Reisfelder zu den schwarzen Vorbergen Nepals hinüberschweiften, die von den weißen Gletschern des Himalaya überragt waren. Das üppige Leben in seinem Schlosse mit den schattigen Gärten und Lotosteichen befriedigte Buddha nicht. Er verließ Haus und Hof, Weib und Kind, um im Rauschen des Urwaldes und in den Schauern der Einsamkeit den Räthseln des Menschendaseins und der Erlösung nachzusinnen.[29])

"Buddhas Lehre dreht sich um die Frage: Wie soll ich in der Welt des Leidens von dem Leiden erlöst werden? Dieses Leid ist nicht das Leid des Einzelnen, sondern das der Gesammtheit. Das Leid entsteht aus dem Durste nach Sein, aus der Lebenslust und Lebenskraft. Die letzte Wurzel aller Leiden ist die Täuschung, die dem Menschen das wahre Wesen und den wahren Wert des Weltwerdens verhüllt. Sein ist Leiden, aber das Nichtwissen, die Unkenntnis der heiligen Wahrheiten, täuscht uns über die Leiden hinweg; es läßt statt des Leidens das Trugbild von Glück und Lust erscheinen. Der Durst nach Sein führt von Wiedergeburt zu Wiedergeburt. Diese kann uns erhöhen oder erniedrigen. Aber überall ist Leid. Daher sucht der Gläubige, Erkennende sich aus den Flammen des Werdens, Vergehens, Leidens in die Welt des Erlöschens (Nirvâna) zu retten in die kühle Stille ewigen Friedens. Wie die Glut der indischen Sonne dem müden Leibe die Ruhe im kühlen Schatten als das Gut aller Güter erscheinen läßt, so ist auch dem müden Geiste Ruhe, ewige Ruhe das einzige, wonach er begehrt. Was ist also das Nirvâna? Der Untergang der Lust, der Untergang des Hasses, der Untergang der Verwirrung, der Stand der Sündlosigkeit und Neidlosigkeit. Der Buddhismus leugnet die

Seele, aber nicht in materialistischem Sinne. Es ließe sich mit demselben Rechte sagen, daß der Buddhismus das Vorhandensein des Körpers leugnete. Was wir ein beseeltes Wesen nennen, ist ein einzelnes Glied in dem Reiche des Geschehens, eine Flamme im Flammenmeere. Das Hauptgewicht sittlichen Thuns fällt für die buddhistische Auffassung in das Gebiet des eigenen, inneren Lebens, in die Arbeit unablässiger Selbstzucht. Die Grundlage von allem ist Rechtschaffenheit des Wandels. Was für andere Religionen das Gebet, ist für den Buddhismus die Andacht der Versenkung. Daher das Lob der Einsamkeit im blütenreichen Walde, in kühler Bergesgrotte, am Ufer blumengeschmückter Ströme." ³⁰)

Nach der Anschauung Buddhas ist also das Uebel nicht in einer sonst guten Welt enthalten, sondern die Welt selbst ist ein Uebel, das Grundübel, ohne welches alle übrigen nicht vorhanden wären.³¹)

Das Ziel des Buddhismus ist, jede sowohl körperliche als auch geistige Thätigkeit zu ersticken. Alles Dasein ist Qual. Das Mittel, sich von dieser Qual zu befreien, ist die Entsagung. Sie bildet den Pfad zum angestrebten Ziele. Deshalb die vier Wahrheiten: Qual, Verkettung, Entsagung und Pfad.³²)

Eigentlich leugnet der Buddhismus die Daseinsberechtigung. Er ist also in seiner strengen Form keine Religion für lebensfreudige Menschen von Fleisch und Blut.

Buddhas Größe liegt weniger in dem, was er lehrte, als darin, was er nicht lehrte. Er schuf eine Religion für sterbliche und nicht für unsterbliche Menschen. Der Buddhismus kennt keine ewige Verdammnis. Buddha lehrte seine Jünger, sich zu befreien von dem Leide des Daseins. Seine Lehre kann von dem Ungebildeten in ihrer vollen Reinheit nur schwer erfaßt werden. In der That wandte sich Buddha ursprünglich nicht an die breiten Schichten des Volkes, sondern an dessen Auslese, an die Söhne edler Geschlechter. Nur die

Weisen vermochten seine Lehre zu erfassen. Buddhas Größe besteht gerade darin, daß er die Frage über ein Fortbestehen nach dem Tode offen ließ. Diese Schweigsamkeit verräth eine außerordentliche Kühnheit des Denkens. An diesem unergründlichen Geheimnisse sollte der Menschengeist nicht rütteln. Obwohl es nicht ganz sicher ist, so scheint es doch wahrscheinlich zu sein, daß Buddha selbst der Meinung war, das Nirvâna sei die Vernichtung, das Aufhören des Seins. Und diese Anschauung setzt einen starken Geist voraus, denn es gehört für einen guten Menschen unzweifelhaft mehr Muth dazu, an ein Leben nach dem Tode n i c h t, als daran zu glauben.

Buddha hat für die Geschichte der Duldung eine große Bedeutung. Er hat für Jahrtausende alle Gedanken darüber vorweggenommen, die nach ihm erleuchtete Geister wieder gedacht haben. Doch ist das nicht so zu verstehen, als ob diese von Buddhas Denkarbeit etwas gewußt hätten. Sie sind selbständig, aber auf anderen Wegen zum selben Ziele gelangt. Und so ist auch Buddhas Anschauung über die Duldsamkeit eine lebhafte Verwahrung gegen die Anschauung, als wäre die Menschheitsgeschichte eine folgerichtige, gleichmäßige Fortentwicklung im aufklärenden Sinne. Was Buddha und seine Vorgänger gedacht, gieng wieder unter und tauchte später in anderen Köpfen selbständig wieder auf.

Duldsamkeit im weiteren und im engeren Sinne ist mit Buddhas Lehre unzertrennlich verbunden.

„Der Buddhismus gebietet nicht sowohl, seinen Feind zu lieben, als seinen Feind nicht zu hassen; er erweckt und nährt die Stimmung freundlicher Güte und Barmherzigkeit gegen alle Wesen . . . . Der Buddhismus predigt Vergebung des Unrechtes, das man uns angethan hat . . . Unter den zehn Haupttugenden Buddhas werden ausdrücklich Duldsamkeit Langmuth und Sanftmuth angeführt." [33])

„Nicht durch Haß wird Haß je getilgt, durch Nichthaß wird er getilgt; dies ist ein ewiges Gesetz", so heißt es im Mahâvagga.³⁴)

Wem gewaltiger Haß das Herz vergiftet, der wird in der reinen Luft, die Bubbha athmet, Heilung und Erlösung finden.

Nicht nur die Dulbsamkeit gegen die Menschen im allgemeinen, sondern die besondere Dulbung gegen Andersgläubige, die wir im Auge haben, hat Bubbha deutlich geprebigt.

Aus ben heiligen Büchern der Bubbhisten lassen sich viele Stellen anführen, bie auf ben bulbsamen Sinn bes Gründers hinweisen. Die wichtigsten, so weit ich sie kenne, mögen hier folgen:

„Man soll sich enthalten, jemandem zu sagen, du bist irrgläubig, ich aber bin rechtgläubig."³⁵)

„Ich ber Thathâgata (Bubbha) habe dieselben Gefühle für vornehme Leute wie für die niebrigen; für moralische Personen wie für unmoralische; für die Entarteten wie auch für biejenigen, welche die Regeln eines guten Betragens befolgen; für biejenigen, welche ketzerische Ansichten haben und ungesunde Lehren, wie für diejenigen, deren Ansichten gesund und richtig sind."³⁶)

„Möge ein Mann, der diese Kenntnis sucht, die höhere Bubbha-Kenntnis, es unternehmen, in dieser Welt die fünf vollständigen Tugenden zu üben. Möge er, um der Bubbha-Kenntnis willen, die verächtlichen Worte der Ungläubigen ertragen, die in Stolz wurzeln." — Unter ben Erfordernissen eines Menschen, der nach Bubbhaschaft strebt, gehört auch die, bulbsam zu sein.³⁷)

„Ihn nenne ich in der That einen Brahmanen, der bulbsam ist gegen die Unbulbsamen, milbe gegen die Tabler und frei von Leidenschaft unter den Leidenschaftlichen."³⁸)

„Die wahre und verborgene Meinung nicht zu erfassen,

sondern sich strenge an den Buchstaben zu halten, dies ist die Weise thörichter Lehrer, aber gegen meine Lehre und eine falsche Weise, zu lehren." [39])

„Als der Prinz in der Wildnis von einem hohen Würdenträger aufgesucht wurde, antwortete er diesem auf seine Fragen folgendermaßen: „In Bezug auf die Frage nach dem Reinen und Unreinen kann die in selbst erzeugtem Zweifel befangene Welt die Wahrheit nicht bemerken; besser ist es, den Weg der Reinheit zu wandeln, oder vielmehr dem reinen Gebote der Selbstentsagung zu folgen, die Ausübung der Unreinheit zu hassen, das zu überlegen, was vor Alters gesagt wurde, nicht hartnäckig in einem Glauben oder einer Ueberlieferung zu verharren, mit aufrichtigem Gemüthe alle wahren Worte anzunehmen und immer sündige Sorge zu verbannen. Worte, die über die Aufrichtigkeit hinausgehen, sind vergebens gesprochen; der weise Mann gebraucht solche Worte nicht." [40])

„Der Weise, der Prediger ... muß gänzlich der Falschheit, dem Stolze, der Verleumdung und dem Neide entsagen. Er sollte niemals ein verächtliches Wort über irgend jemanden sagen, sich niemals in einen Streit über den Glauben einlassen; niemals zu denen, welche einer Pflichtverletzung schuldig sind, sagen: Ihr werdet höhere Kenntnis nicht erlangen. Er ist immer aufrichtig, milde, nachsichtig." [41])

„Bevor Buddha ins Nirbâna eingieng, belehrte er seine Jünger in den Vorschriften. Darin heißt es unter anderen: „Was dem einen wahren System meiner Lehre entgegen ist, das darf nicht von euch gehalten werden; was meinen Worten entgegen ist, das ist das Ergebnis der Unwissenheit, ihr dürft solche Lehre nicht befolgen, sondern sie schleunig verwerfen. Indem ihr das aufnehmt, was im rechten Lichte gesagt wird, so ist das nicht der wahren Lehre entgegen, es ist dasselbe, was ich gesagt habe." [42])

„Mahâ-pagâpati der Gotâmi gieng zu dem Gesegneten und sagte: Möge der Gesegnete mir den Dhamma (Wahrheit, Lehre) predigen; so daß ich, nachdem ich die Lehre des Gesegneten gehört habe, allein bleiben kann für mich, ernst, eifrig und entschlossen ... Welcher Lehren immer, o Gotâmi, du bewußt sein solltest, daß sie zur Leidenschaft und nicht zum Frieden führen, zum Stolze und nicht zur Verehrung, zum Wunsche nach vielem und nicht zum Wunsche nach wenigem, zur Liebe zur Gesellschaft und nicht zur Abschließung, zur Trägheit und nicht zur Uebung des Eifers, zu schwerer Befriedigung und nicht zur Zufriedenheit — wahrlich mögest du dann, o Gotâmi, im Geiste erwägen, daß das nicht Dhamma ist, daß das nicht Vinaya*) ist, daß das nicht die Lehre des Meisters ist... Aber von welchen Lehren immer, o Gotâmi, du bewußt sein solltest, daß sie zum Frieden und nicht zur Leidenschaft, zur Verehrung und nicht zum Stolze, zum Wunsche nach wenigem und nicht zum Wunsche nach viel führen, zur Abschließung und nicht zur Liebe zur Gesellschaft, zur Zufriedenheit und nicht zur Streitsucht — wahrlich dann magst du im Geiste erwägen, daß das Dhamma ist, und daß das Vinaya ist und die Lehre des Meisters."**) Kurz gesagt: Jede Lehre, die zum Guten führt, ist Lehre des Meisters.

In diesem Sinne bestimmte das Concil zu Vaisali, daß nur dasjenige die wahre Lehre Buddhas sei, was nicht mit der gesunden Vernunft in Widerspruch steht.**)

Dieser Beschluß schuf im Buddhismus das Uebergewicht des Verstandes über das Herz, was zwar die Verständigen gewinnt, aber die breiten Massen nicht befriedigt.

Diese geistige Beweglichkeit wurde schließlich der Untergang des Buddhismus in Indien. Er konnte dem festgefügten

---

* Die Vinaya-Texte bilden jenen Theil der heiligen Literatur der Buddhisten, welche die Regeln für das äußere Leben der Mitglieder der buddhistischen Mönchsbruderschaft enthält.

Brahmanenthume nicht widerstehen. Um sich in China und Tibet zu behaupten, mußte er eine große Umbildung über sich ergehen lassen.

Der duldsame Grundzug des Buddhismus verleugnete sich selbst im Mönchthume nicht. Der buddhistische Mönch konnte nach Belieben wieder aus dem Orden austreten.⁴⁵)

Später wurden allerdings die Bestimmungen über das Mönchsleben härter. Wo der Buddhismus zur Staatsreligion wurde, da zog die geistliche Oberaufsicht die Zügel straffer an. Oft traf Todesstrafe die Vergehen gegen die geistliche Zucht und kirchliche Irrthümer.⁴⁶)

Buddhas Lehre ist von religiöser Duldsamkeit durchweht, wie dies in so unzweideutiger jeden Zweifel ausschließender Klarheit in keiner anderen der großen Weltreligionen zutage tritt. Diese Duldung in Glaubenssachen ist aber nur ein Zweig jener allgemeinen Duldung, die sich in die Worte zusammen fassen läßt: „Eine Handlung, von der man nicht wünscht, daß sie einem selbst zugefügt werde, verübe man auch nicht gegen andere." Oder wie sie ein indischer Dichter in den Worten ausgesprochen hat:

„Die Guten beweisen Liebe gegen alle Geschöpfe, weil sie ihnen selbst gleichen." ⁴⁷)

Das Gefühl des Mitleids gegen alles Lebende tritt im Buddhismus so sehr in den Vordergrund, daß die Inder selbst ihn die Religion der Barmherzigkeit nennen. Dies zeigt sich auch in dem Verhältnisse des Buddhismus zu den Kasten. Der Buddhismus hat zwar den Kastenunterschied nicht beseitigt, ihm aber die religiöse Weihe benommen.⁴⁸)

Bei dieser allgemeinen umfassenden Duldsamkeit des Meisters ist die Stellung, die Buddha den Frauen gegenüber einnimmt, eine sehr merkwürdige. Dem weiblichen Geschlechte gegenüber ließ er von seiner sonstigen Milde nichts spüren. Er gieng so weit, den Frauen überhaupt alles Schlechte zuzumuthen. Ihm gilt das ewig Weibliche von Haus aus als der Urquell der Verderbtheit. Sein Urtheil deckt sich etwa mit dem bekannten Ausspruche des Mephistopheles zum Schüler in Goethes Faust, nur ist dies bei Buddha derber ausgedrückt. In den Gesetzen Manus heißt es etwas milder: „Sie achten nicht auf Schönheit, kümmern sich nicht ums Alter, schön oder häßlich, wenn es nur ein Mann ist, sie nehmen ihn".

Buddhas hehre Gestalt ragt wie ein weithin leuchtender Fels aus dem ihn umbrandenden Meere der Unbuldsamkeit empor. Die Keime zur Duldsamkeit lagen, wie wir gesehen haben, schon in seiner Umgebung, im indischen Volke selbst. Aber erst in dem fruchtbaren Denkerhirne eines seine Zeit überragenden Mannes wie Buddha konnte dieser schöne Gedanke zur vollen Entwicklung und Entfaltung gelangen.

Das indische Volk war seinem innersten Wesen nach von verträglicher, mitleidiger, wohlwollender, sanfter Gemüthsart. Dieser buldsame Grundzug tritt in vielen allgemein gangbaren Sprüchen, die allerdings meist im Buddhismus wurzeln, zutage. Daraus eine kleine Blütenlese:

„Hartherzigkeit, grundloses Streiten, Raub fremden Gutes und Weibes, Unduldsamkeit gegen gute Menschen und Verwandte: dies ist ja den Bösen schon von Natur eigen."

„Keinem Wesen etwas zuleide thun, weder durch That, noch durch Gedanken, noch durch Worte, Wohlwollen und Spenden — ist der Guten ewiges Gesetz."

„Sinne niemals Böses gegen diejenigen, welche dir etwas zuleide thun: sie werden von selbst fallen, wie Bäume, die am Ufer wachsen."

„Dieser ist entweder Einer von den Unsrigen oder ein Fremder", so rechnen Menschen von niederem Sinne; Männer von edler Handlungsweise dagegen betrachten die ganze Erde als ihre Familie."

„Niemandem ein Leid anthun, freundliche Rede, Wahrheit, Reinlichkeit, Mitleid und Nachsicht heißen die Pflichten, welche den Mitgliedern der vier Kasten und denen, die nur die Abzeichen derselben tragen, gemein sind."

„Mitleid, Nachsicht, Wahrhaftigkeit, Schonung alles Lebenden, Selbstbezähmung, Rechtlichkeit, Zuneigung, Gewogenheit, Liebenswürdigkeit und Milde sind die zehn Formen der Selbstverleugnung."

„Wer gegen Wohlthäter wohlwollend ist, in dessen Wohlwollen liegt kein Verdienst; wer gegen Beleidiger wohlwollend ist, der gilt bei Weisen für wohlwollend."

„Die Nachsicht ist zugleich eine Tugend der Schwachen und ein Schmuck der Mächtigen."

„Sämmtliche Opfer mit vollem und ausgesuchtem Opferlohne auf der einen und die Lebensrettung eines vor Furcht vergehenden Geschöpfes auf der anderen Schale halten sich gegenseitig die Wage."

„Wer denjenigen tödtet, und wäre es auch ein Feind, der vertrauensvoll und ohne Besorgnis zu ihm ins Haus gekommen ist, dessen Sünde ist so groß, als wenn er hundert Brahmanen getödtet hätte."

„Thue niemandem Schaden, übe Mitleid, beobachte das ewige Gesetz und bringe selbst mit Aufopferung des eigenen Lebens Hilfe den Geschöpfen."

„Gute üben Mitleid auch gegen Geschöpfe, die keinen Vorzug besitzen."

„Einem einzigen Wesen nur das Leben zu erhalten, ist mehr wert als tausend Brahmanen Tag für Tag tausend Kühe zu schenken."

„Diejenigen, die uns Liebes sagen und Gutes erweisen, die reich sind und einen untadelhaften Wandel führen, sind Götter in Menschengestalt."

„Milde ist die höchste Tugend, Nachsicht die größte Macht, die Kenntnis der Seele die höchste Kenntnis, und etwas Höheres als die Wahrheit gibt es nicht."

„Durch Milde vernichtet man den Harten. Es gibt

nichts, was durch Milde nicht vollbracht werden könnte; darum ist der Milde der Strengere."⁴⁹)

Dieser buldsame Sinn zeigte sich schon vor Buddha auch bei abweichenden religiösen Anschauungen. Neu auftauchende Meinungen wurden nicht schlankweg verworfen oder deren Bekenner verfolgt, sondern man gab ihnen die Möglichkeit, in öffentlichen Besprechungen ihre Meinung zu vertreten. Erwiesen sie sich dabei als geistig überlegen, so stimmte man ihrer Meinung bei. Unterlagen sie, so mußten sie entweder zu dem Bekenntnisse des Siegers übertreten oder dessen Sclaven werden. Bisweilen wurden die Besiegten verhalten, sich das Leben zu nehmen.⁵⁰)

Beredsamkeit war bei Austragung solcher Streitfragen die Hauptsache, weniger die gelehrte als die volksthümliche. Es kam weniger auf tiefe Gedanken als auf klingende Worte an. Das Volk ist ja zu allen Zeiten mehr den Schwätzern als den Denkern zugeneigt gewesen.⁵¹)

———

Ungefähr hundert Jahre nach dem Nirvâna des Buddha spaltete sich der Buddhismus in 18 Secten; jede behauptete die Wahrheit zu besitzen und beschuldigte die andern, eine Schöpfung des Dämons zu sein.⁵²) Die Spaltungen führten zu Kirchenversammlungen, auf denen jede Schule ihre Lehre in feste Formen zu bringen suchte und natürlich die Gelegenheit benützte, die von ihr abweichenden Lehren zu verdammen.⁵³) Man sieht, auch im Buddhismus begann die Unduldsamkeit sich zu regen; aber sie war nur eine theoretische. Die Secten stritten heftig wider einander, doch zu ihrer Ehre sei es gesagt, nur mit den Waffen des Geistes und nicht denen der rohen Gewalt.

In diese Zeit der Sectenkämpfe fällt die Herrschaft des Königs Asoka, der für die Geschichte der Duldung von großer Bedeutung ist. Asoka lebte im 3. Jahrhunderte vor Christus; seine Jugend ist in Dunkel gehüllt. Nur so viel

scheint sicher zu sein, daß er in der ersten Zeit seiner Regierung
äußerst strenge, ja vielleicht grausam war. Erst nach seinem
Uebertritte zum Buddhismus kam der Rückschlag. Die buddhi=
stischen Geschichtsquellen haben über ihn nur wenig und nur
unschöne Züge überliefert. Aber aus den Inschriften, die er
auf Felsen und steinernen Säulen einmeißeln ließ, spricht ein
großer, gewaltiger Geist, dessen Glanz seine Zeit und viele
kommende Jahrhunderte überstrahlte. Diese in Stein ge=
hauenen Predigten sind seine eigenen Gedanken, und das
erhöht seinen Ruhm. In voller Reinheit werden die Tugenden
wahrer Menschlichkeit geschildert. Wir beschränken uns darauf,
aus diesen Erlässen dasjenige hervorzuheben, was sich auf
unseren besonderen Zweck bezieht. Wohlthätigkeit, Wahrhaftig=
keit, Reinheit, Milde und Güte sollten die Tugenden jedes
Menschen sein. Man sollte aufhören, Geschöpfen ein Leid
zuzufügen und Thiere zu schlachten. Asoka selbst gieng seinen
Unterthanen in der Mäßigkeit im Fleischgenusse mit gutem
Beispiele voran.

Im 12. Erlasse spricht sich Asoka, oder wie er auch
heißt, Piyadassi, der Göttergeliebte, über die Duldung in
Glaubenssachen folgendermaßen aus:[54])

„König Piyadassi Devânâmpriya ehrt alle Secten,
Geistliche und Laien, er ehrt sie mit milden Gaben und allerlei
Beweisen der Hochachtung und wünscht, daß alle Secten an
innerem Werte zunehmen mögen. Nun kann man in vielerlei
Weise an innerem Werte zunehmen, aber die Grundlage dazu
ist im allgemeinen die Behutsamkeit in Worten, so daß man
seine eigene Secte nicht in den Himmel erhebt, noch eine
andere herunterzieht oder ungeziemend mit Geringschätzung
behandelt, im Gegentheil, man muß bei verschiedenen Gelegen=
heiten andere Secten mit Achtung behandeln; wenn man
dieses thut, fördert man das Wohl seiner eigenen Secte,
während man gegen eine andere Wohlwollen beweist; wenn
man anders handelt, bringt man seiner eigenen Secte Nach=

theil, während man einer anderen einen schlechten Dienst erweist. Wer seine eigene Secte in den Himmel erhebt und eine andere herunterzieht, thut das ohne Zweifel aus Anhänglichkeit an seine eigene Secte und mit der Absicht, seine eigene Secte zu verherrlichen; jedoch wird ein solcher durch diese Handlungsweise seiner eigenen Secte nur um so mehr Böses zufügen; darum ist Eintracht gut, damit alle gegenseitig den Dharma kennen lernen und gerne darauf hören wollen. Das in der That ist der Wunsch des Devânâmpriya, daß alle Secten wohlunterrichtet und religiös sein möchten."

Diese duldsame Gesinnung hinderte Asoka nicht, echten Eifer für seinen Glauben zu entwickeln. Was Budbha sprach, gilt ihm als Evangelium. In einem anderen Erlasse, der über einen siegreichen Krieg handelt, wobei viele Menschen getödtet wurden, bricht der König darüber in Klagen aus. Er kann seines Sieges nicht recht froh werden. „O, was für eine Reue hatte Devânâmpriya, als er Kalinga erobert hatte; denn der gewaltsame Tod, das Sterben und die Wegführung von Menschen bei Eroberung eines Landes, das noch niemals unterworfen gewesen war, schmerzten Devânâmpriya und beschwerten ihn." Eroberungen heißt es weiter, die durch Waffengewalt zustande gebracht wurden, verdienten nicht den Namen von Eroberungen. Nur der Sieg des Dharma könne eine wahre Eroberung genannt werden.

Die letzten Lebensjahre verbrachte der König in Geistesumnachtung. Eine Art religiösen Wahnsinnes hatte ihn erfaßt und in der Gewalt fanatischer Priester wurde er nun auch zu einem wilden Eiferer. Dieses Aufleben erloschener Hassesgluten zeigt sich in seinen letzten Erlässen, aus denen ein vor nichts zurückschreckender Glaubenseifer spricht. Das kann aber unser Urtheil über Asoka nicht beeinflussen. Nur der Gesunde kommt bei Beurtheilung seines Thuns und Lassens in Betracht. Was Asoka in seiner Krankheit that und redete, dürfen wir ihm nicht zur Last legen. Es war eben ein schönes

Licht von den Schatten des Wahnsinns umnachtet worden. Sein größtes Verdienst besteht darin, daß er die verschiedenen Glaubensgenossenschaften zur Einsicht brachte, sie wären alle Bekenner Buddhas, und sie so wieder zur gegenseitigen Duldung hinführte.⁵⁵)

Auch bei den Nachfolgern Asokas war Duldung gegen alle Glaubensgenossenschaften Regel. König Huvishka (im 2. Jahrhundert der christlichen Zeitrechnung) war kein Buddhist, trotzdem gedieh unter seiner Regierung der Buddhismus vortrefflich. „Der König ist," wie Kern sagt, „als solcher nach indischem Rechte der Beschirmer der Religion seiner Unterthanen; wo nun in einem Lande verschiedene Religionen bestehen, muß der König alle gleichmäßig unterstützen." Den verschiedenen Secten wurden von den Königen Einkünfte zugewendet. So ergieng es den Brahmanen unter der Herrschaft der buddhistischen Kirche recht wohl. Im Nordwesten Indiens herrschte um diese Zeit das Haus der Guptas, die Anhänger irgend einer Art des Hinduismus waren, trotzdem aber die Andersgläubigen, Buddhisten und Jainas, ungestört ihre Religion ausüben ließen. Im 7. Jahrhunderte lebte der König von Magadha, Pûrnavarman, ein eifriger Förderer der Wissenschaft. Sri-Harsha, der mächtigste König Indiens in der ersten Hälfte des 7. Jahrhunderts, war äußerst duldsam gegen alle Secten, nur nicht gegen die Hinayânisten, obwohl er selbst aus ihnen hervorgegangen war. Ihr beschränkter, kleinlicher Gedankenkreis widerstrebte ihm.⁵⁶)

Nach so vielem Lichte wird man billigerweise die Frage aufwerfen: Hat der Buddhismus gar keine Schatten aufzuweisen? Die Antwort wird lauten müssen: Ja wohl, und zwar sind es vornehmlich zwei Dinge, die aufs innigste verbunden erscheinen, nämlich das Bettelmönchthum und die Wunder- und Reliquiensucht. Ursprünglich lag auf dem Mönchthume ein dichterischer Schimmer. „Das Leben des Asketen," sagt Kern,⁵⁷) „sei er Eremit oder Mönch, ist in der idealen Form eine liebliche Idylle. Ruhig und sanft fließt es dahin wie ein sanft murmelnder Bach, dessen klarer und glatter Wasserspiegel ein Bild des reinen und unbewegten Gemüthes des indischen Heiligen ist."

Der Uebergang vom Wanderleben zum Klosterleben regte wohl den Kunstsinn an, aber er förderte auch die Spaltungen unter den Mönchen, vor allem aber den Wunderschwindel.⁵⁸) „Doch mußte," wie Wassiljew sagt,⁵⁹) „ein bestimmter Zeitraum verlaufen, ehe die Buddhisten von den Leichenäckern am Wege zu Höhlen, Zellen und Klöstern übergiengen, welche alsdann durch ihren Reichthum, ihre Pracht und Menschenmenge den Orient in Erstaunen setzten. Viele mongolische und tibetische Klöster enthalten mehr als fünftausend Mönche. In Peking und dessen Umgebung zählt man fünftausend buddhistische Tempel und 80.000 Mönche. Die chinesischen Klöster zeichnen sich durch ihre Reinlichkeit und Schönheit aus."

Das Klosterwesen verbreitete zu allen Zeiten, nicht nur im Buddhismus, viel Licht und Schatten. Wer je die Hallen eines Klosters betrat und prüfenden Auges die hier aufgestapelten Reichthümer und Kunstschätze maß, den überkam wohl eine Ahnung von der ungeheuren Machtfülle, welche die zahllosen Klöster einer Religionsgenossenschaft darstellen. Sie bilden nicht nur ein Denkmal des Kunstsinnes einer dahingegangenen Zeit, sondern auch eines der Macht des Priesterthums. Aber auch die Kehrseite bleibt wohl zu beachten.

Von den buddhistischen Klöstern erfand jedes zu seinem Nutzen eine Legende, in der Buddha eine Rolle spielte. Und so wurden diese Klöster eine großartige Brutstätte der Lüge und der Volksverdummung.⁶⁰)

In der Buddha=Legende, so wie sie sich in der Folge ausgebildet hat, ist bezeichnenderweise von Duldung nichts zu spüren. Alle duldsamen Gedanken waren bereits von den Priestern ausgemerzt worden.

Die Buddha=Legende ist ein Sammelwerk von Wundern,

worin alles ins Ungeheuerliche verzerrt erscheint. So hatte Buddha nach der Legende noch 84 000 Frauen nebst seiner rechtmäßigen. Wenn Buddha Almosen sammelt, ist er von 20.000 Mönchen begleitet. Hat Buddha mit dem Teufel zu kämpfen, so sind es mindestens 60.000 dieser Höllenbewohner, die er niederstreckt. Ein andermal tragen die Götter je 60.000 Fackeln vor ihm, neben ihm und hinter ihm her. Die Buddha=Legende befaßt sich auch eingehend mit dem körperlichen Befinden des Meisters. Selbst seine Leibschmerzen werden eingehend geschildert. Von vielen Fallstricken, die ihm der Böse legen läßt, ist die Rede. Besonders heiter wirkt die Erzählung von der schönen Nonne, die es auf die Tugend des Asketen Gautama abgesehen hatte. Sie wurde für dieses fluchwürdige Verbrechen in den tiefsten Höllenraum hinabgestürzt. Obwohl nämlich der Buddhismus in seiner reinen Form keinen Himmel und keine Hölle kennt, drohte die buddhistische Kirche doch aus Nützlichkeitsgründen mit den Qualen der Hölle. Die Geschichte der Reliquien Buddhas und der Wunder, die bei den Bildwerken und Tempeln geschehen, ist ein trauriges Denkmal für den Unverstand der breiten Volksschichten, die sich von diesen priesterlichen Betrügern und Gauklern am Narrenseile führen ließen. Der Reliquienschacher bildete für die Verschleißer der göttlichen Gnade ein einträgliches Geschäft. Für die Besichtigung der heiligen Gegenstände gab es vollkommen ausgebildete Preisverzeichnisse. Auf Ceylon wird noch Buddhas Badehemd verehrt. Die Wundergeschichten, die von den Reliquien Buddhas, namentlich seinem Zahne, erzählt werden, sind mitunter recht ergötzlich. Sie erweisen der Erfindungsgabe der buddhistischen Priester alle Ehre. Davon nur eine Probe. Als Buddhas Zahn in eine Cloate geworfen wurde, erfüllte er den stinkenden Abzugscanal mit einem süßen Dufte, wie von himmlischen Blumen.[61])

Der Wunderschwindel stand früh in Blüte. Schon beim ersten Concil wurden einige Geistliche getadelt, die sich die Dummheit der Landleute zunutze machten, um ihnen Wunder vorzuspiegeln. Dies zeigt wenigstens noch das Bestreben der leitenden Kreise, solche Betrügereien hintanhalten zu wollen. Später wurde das freilich anders. Es halfen so ziemlich alle Mönche zusammen, das Volk zu betrügen.

Hatte einmal einer der Mönche eine etwas freisinnigere Anschauung, die von dem Herkommen abwich, oder entdeckte er gar Widersprüche in den Worten des Meisters, das heißt war er ein selbständig denkender Mensch, dann behaupteten die Strenggläubigen, daß er vom Teufel besessen wäre.

Auch an unduldsamen Zügen gegen die Andersgläubigen fehlte es nicht, obwohl die Duldsamkeit die Regel, die Unduldsamkeit die Ausnahme bildete. Anfangs verkehrten die Jünger Buddhas mit den Anhängern anderer Secten, z. B. der Jainasecte, auf das ruhigste und freundlichste. Später aber entwickelte sich zwischen den Jainas und den Buddhisten ein grimmiger Haß, obwohl zwischen ihnen kein besonderer Unterschied obwaltete. Es war ungefähr dasselbe Verhältnis wie zwischen Evangelischen und Katholiken, die einander als Christen mehr haßten als die ihnen ferner stehenden Juden. Besonders lehrreich ist hiefür die Geschichte Ceylons.

In der Mitte des 3. Jahrhundertes nach Christus brach in der Kirche von Ceylon eine Spaltung aus, die zu einer Art Glaubenskrieg führte, wobei es auch zur Vertreibung der Unterliegenden kam, Klöster und Heiligthümer zerstört wurden. Die Buddhisten verschiedener Abstufung wütheten gegen einander mit glühendem Hasse. Von der Duldung, die Buddha gepredigt hatte, blieb nichts mehr übrig. Jede Meinung, die von der herrschenden abwich, wurde heftig verfolgt. König Dhâtusana verjagte im 5. Jahrhunderte viele ketzerische Mönche. Auch in den folgenden Jahrhunderten tauchten ketzerische Bewegungen auf, die rasch unterdrückt wurden. Doch fehlt es nicht an wohlthuenden Erscheinungen. Amandagâmani, ein Fürst, der im 1. Jahrhunderte der christlichen

Zeitrechnung auf Ceylon herrschte, verbot das Tödten lebender Wesen in ganz Ceylon.

Im 12. Jahrhunderte gelang es dem Könige Parâkrama-Bâhu die feindlichen Glaubensgenossenschaften mit Milde und Strenge unter einen Hut zu bringen. Nach kurzer Fremdherrschaft im 13. Jahrhunderte, die auch die buddhistische Religion bedrückte, wurde die einheimische Herrschaft und Religion wieder hergestellt. König Parâkrama-Bâhu III. (1267—1301) war ein Menschenfreund. Er schaffte die Todesstrafe und das Abhauen von Gliedern bei Verbrechern ab und sorgte dafür, daß die Geistlichen tüchtig unterrichtet wurden, um ihrerseits das Volk belehren zu können. Die wahre Lehre Buddhas gieng mit der Zeit in Ceylon vollkommen verloren oder wurde in ihr Gegentheil verkehrt. Im allgemeinen muß man sagen, daß die Geschichte Ceylons von bitterem Sectenhasse erfüllt ist. Sie zeigt auch wieder die bekannte Thatsache, daß äußere Frömmigkeit und wilde Grausamkeit häufig Hand in Hand gehen."[62])

Die Kirchengeschichte Indiens wird in den ersten Jahrhunderten unserer Zeitrechnung durch den Streit zweier Hauptsecten ausgefüllt, zu denen sich die übrigen Secten verdichteten. Die Hinayânisten hielten an der buddhistischen Lehre in ihrer strenggläubigen Form fest. Die Mahâyânisten bildeten Buddhas Lehre im volksthümlichen Sinne um. Obwohl die beiden Secten einander heftig anfeindeten, kam es doch selten zu Ausbrüchen roher Gewalt.

Im 6. Jahrhunderte erreichte der Buddhismus in Indien seine höchste Blüte. In der Folge wurde nun die Lehre Buddhas, so weit sie sich überhaupt noch in Indien erhielt, durch das Ueberwuchern der Zauberei getrübt, ja die Zauberkunst drängte die Religion selbst ganz in den Hintergrund. Schließlich verweltlichte der Buddhismus vollkommen.[63])

Schon nach dem Tode Bubbhas war die Zahl seiner Anhänger bedeutend. In der Mitte des 3. Jahrhundertes vor Christus breitete sich der Bubbhismus über ganz Indien aus. Er blühte daselbst bis zum 5. Jahrhunderte der christlichen Zeitrechnung, da der Kampf des Brahmanenthums gegen den Bubbhismus begann. Der Bubbhismus erlag und wurde, von Ceylon abgesehen, ganz aus Indien verdrängt. Im Norden drang der Islam siegreich vor, im Innern und im Süden setzte sich das Brahmanenthum wieder fest.

Fa Hian, ein Chinese, der im 5. Jahrhunderte alle Länder Indiens besuchte, fand überall den Bubbhismus blühend oder doch geduldet. Schon im 7., mehr noch im 8. Jahrhunderte, drangen im Norden die Araber erobernd vor. Mit ihrem siegreichen Vordringen hielt der Verfall der bubbhistischen Kirche gleichen Schritt. Obwohl der Islam nur im Norden eine dauernde Herrschaft aufrichtete, verfiel der Bubbhismus auch im Süden an innerer Zersetzung. Am längsten hielt er sich im östlichen Indien unter der Herrschaft des buldsamen Hinduismus, bis die siegreich vordringenden Mohammedaner die Bubbhisten zur Flucht nach Tibet, Nepâl, Birma und Cambodja zwangen. In Kaschmir stand der Bubbhismus im 8. Jahrhunderte in Blüte. Brahmanen, Bubbhisten und Heiden lebten in Eintracht neben einander, alle eifrig ihren Glauben pflegend. Die Königin Dibbâ (980—1003) errichtete heidnische Tempel, brahmanische Collegien, bubbhistische Klöster. Doch fehlte es auch an allerdings vorübergehenden Zügen der Unduldsamkeit nicht, so unter Kshemagupta (950—958), der ein Kloster verbrennen und alle Göttertempel schleifen ließ. Sri-Harsha (1088—1103) ließ die Göttertempel der Schätze berauben und die Götterbilder in widerlicher Weise beschmutzen. Im 14. Jahrhunderte kam der Islam auch in Kaschmir zur Herrschaft. Die Hindufürsten von Nepâl zeichneten sich ebenfalls durch duldsame Gesinnung aus. Hier fanden anderwärts vertriebene Bubbhisten eine sichere Zuflucht. Als die katholische Mission im Jahre 1754 in Tibet vertrieben wurde, gewährte ihr der König von Nepal eine Zuflucht.⁶⁴)

In China breitete sich der Buddhismus, oder wie er dort hieß, der Foismus, im 1. Jahrhunderte der christlichen Zeitrechnung aus. Im 5. Jahrhunderte wurde der Foismus verfolgt, seine heiligen Gebäude wurden zerstört, die Mönche hingerichtet, die Annahme ihrer Religion wurde bei Lebensstrafe verboten.⁶⁵)

Doch dauerte diese Bedrängnis nur kurze Zeit. Im allgemeinen waren die Chinesen, die bei ihrem einheimischen Glauben verharrten, dem Buddhismus nicht feindlich, sondern duldeten ihn, weil sie ihn als eine höhere Macht, die dem Gegner leicht schaden konnte, fürchteten.⁶⁶)

Der Buddhismus in China hat dem Bedürfnisse des Volkes entsprechend ein Paradies geschaffen, das stark an das der Muslime erinnert.

In Tibet fand der Buddhismus im 7. Jahrhunderte der christlichen Zeitrechnung Eingang. Nach einigen Rück=schlägen befestigte er sich daselbst im 10. Jahrhunderte und blieb fortan die herrschende Religion.⁶⁷)

In Tibet verlor sich das Wesen des Buddhismus in Aeußerlichkeiten. Für das gewöhnliche Volk war der Buddhismus in seiner ursprünglichen Form nicht geeignet; deshalb erfuhr er eine völlige Umgestaltung. Das Volk sollte glauben, daß es einen Gott oder vielmehr Götter und ein künftiges Leben gäbe und daß es dort die Früchte seines Thuns und Treibens auf der Welt ernten würde. Die tibetanischen Buddhisten glauben, daß Glück und Unglück von Göttern, guten und bösen Geistern, abhängig sei. Die Götter sind Verkörperungen der einen höchsten Weisheit, und so kann man mit einiger Nachsicht diese Art des Buddhismus noch dem Monotheismus beizählen. An Stelle der Versenkung tritt das anflehende Gebet. Die Art und Weise, wie die bösen Geister auf die

Menschen einwirken, läßt den Buddhismus in Tibet auf einer sehr niedrigen Stufe erscheinen."⁶⁸)

Nirgends trennte eine so hohe Schranke die Laien von der Priesterschaft wie in Tibet. Es bildete sich eine Hierarchie aus, von der man in Indien keine Ahnung hatte. Zur vollen Entwicklung kam sie erst im 15. Jahrhunderte unserer Zeitrechnung. An der Spitze der Priesterschaft steht der Dalai Lama von Lhassa und der Panchen Rinpoche zu Tashilhunpo. Beide schreiben sich göttlichen Ursprung zu. Alle buddhistischen Priester in Tibet führen den Titel Lama (Vorgesetzter). Eine besondere Classe darunter bilden die Wahrsager, die nach Art der Taschenkünstler und Feuerfresser das Volk belügen und betrügen."⁶⁹)

Auch der Lamaismus, wie der tibetanische Buddhismus genannt wird, hat seine Verdienste wie jede Religion, da er das tiefstehende Volk auf eine höhere Culturstufe hob. Aber diese Verdienste verschwinden ganz in tiefen Schatten. Unumschränkte Priesterherrschaft ist für jedes Land, für jedes Volk ein Unglück. „In Tibet," sagt Koeppen, „ist das Ideal aller Möncherei vollständiger erreicht worden als je im Occidente; die Lamas herrschen, die Lamas sind Grundeigenthümer und Besitzer unermeßlicher Reichthümer, die Lamas gebrauchen die Weiber nach Belieben, das Volk aber ist zu einer Art von Hörigen herabgedrückt, die keinen anderen Zweck haben, als für die zahllose Menge der geistlichen Müßiggänger zu arbeiten und diese zu ernähren." ⁷⁰)

Der Ausbreitung des Lamaismus über Tibet hinaus nützte der Umstand sehr, daß der Mongolenkhan Chubilai im 13. Jahrhunderte sich zum Buddhismus, und zwar zum tibetanischen Lamaismus bekehrte.

Da sich späterhin kaum mehr Gelegenheit bieten wird, auf die Mongolenzeit zurückzukommen, will ich hier, obwohl es streng genommen nicht zur Sache gehört, nach Koeppen dasjenige einflechten, was die Beziehung der Mongolenkhane zu den verschiedenen Religionen betrifft. Die Großkhane der Mongolen wurden von Sendboten aller Bekenntnisse umschwirrt wie der Honigtopf von den Fliegen. Die Stellung der ersten Khane diesem Drängen gegenüber war folgende: dem Großkhane soll man gehorchen; wie man Gott verehrt, ist gleichgiltig. „Tshingiskhan," führt Koeppen [71]) aus, „glaubte an Gott, aber jede bestimmte, besondere Form der Gottesverehrung war ihm gleichgiltig. Er überließ sich keiner der Religionen, die sich ihm antrugen, aber er duldete sie alle.... Noch in seinem letzten Willen hat er diese religiöse Gleichgiltigkeit, Unparteilichkeit und Duldung als Grundsatz für seine Nachfolger aufgestellt und empfohlen." Doch war er zu roh, um sich über die in seinem Volke festgewurzelte Magie zu erheben. Sein Benehmen war nicht immer gleich, sondern bewegte sich in Widersprüchen. Das einemal überbietet er sich in Ergebenheitsausdrücken gegen die tibetanischen Lamen, ein andermal befiehlt er, alle Pfaffen des Landes zu verweisen, weil sie zu nichts nütze sind als das Volk aufzuwiegeln. [72])

Etwa zwei Menschenalter verharrten seine Nachkommen in dieser Unabhängigkeit und Gleichgiltigkeit, indem sie alle Religionen duldeten und sich für keine entschieden. In der Hauptstadt Karakorum erhoben sich nestorianische Kirchen neben Moscheen und heidnischen Tempeln.

Möngke Chan besuchte abwechselnd oder auch nebeneinander den christlichen, mohammedanischen und buddhistischen Gottesdienst, ließ sich von den Priestern aller drei Glaubensgenossenschaften segnen, beräuchern und anpredigen und befragte dann wieder die Orakel seiner Schamanen. Ein öffentlicher Wortkampf zwischen christlichen, mohammedanischen und buddhistischen Geistlichen fand statt. Es kam zu keinem Ergebnisse, indem jeder der Streitenden bei seiner Meinung beharrte. Am folgenden Morgen äußerte Möngke Chan seine Meinung dahin: „Wir Mongolen glauben, daß nur ein Gott sei, durch den wir leben und sterben, und wir sind aufrichtigen Herzens gegen ihn. Wie er aber der Hand verschiedene Finger gegeben hat, so gab er auch den Menschen verschiedene Wege." [71])

Chubilai äußerte sich gegen M. Paolo: „Es gibt vier Propheten, welche von den vier verschiedenen Geschlechtern der Welt verehrt und angebetet werden. Die Christen betrachten Jesum Christum als ihren Gott, die Saracenen Mohammed, die Juden Moses und den Heiden ist Sogonombarkhan der höchste ihrer Götter. Ich achte und verehre alle vier und bitte den, welcher in Wahrheit der höchste unter ihnen ist, daß er mir helfen wolle." [72])

Wenn man diese Worte liest, könnte man meinen, daß es niemals duldsamere Menschen gegeben habe als die Mongolenfürsten. Wer aber diese Worte nach den Thaten mißt, die von diesen Weltstürmern und Menschenschlächtern begangen wurden, dem werden sie nur Worte bleiben, die wie Schall und Rauch in alle Winde verwehen. Nur die Thaten sind der richtige Maßstab für die Beurtheilung. Und so können wir auch die Mongolenfürsten, was auch immer über sie gesagt werden mag, den duldsamen Menschen nicht beizählen. [73])

Fassen wir nun unser Urtheil über den Buddhismus zusammen, soweit dies in den Rahmen unserer Arbeit gehört. Trotz der vielen Auswüchse, die der spätere Buddhismus gezeitigt hat, bleibt ihm sein Verdienst, die duldsamste aller Religionen zu sein. Wohin immer der Buddhismus seine Schritte lenkte, da hielt die Duldung gegen Andersgläubige ihren Einzug. Ab und zu erlitt dieser duldsame Grundzug allerdings eine arge Trübung. Aber die Duldsamkeit blieb stets die Regel, die Unduldsamkeit die Ausnahme. Dieses Gut ist bis heute unangetastet geblieben, wie aus den über=

einstimmenden Berichten der Reisenden in den buddhistischen Ländern erhellt. Um dieses einen schönen Gutes willen mögen dem Buddhismus viele Sünden verziehen werden. Selbst der späterhin zum Götzendienste ausartende Cultus konnte das wahrhaft Große und Schöne in Buddhas Lehre nicht ganz ersticken. Sein Licht leuchtete durch alle ihn entstellenden Hüllen. Wie ein weithin schimmernder Tempel reiner Menschlichkeit ragt Buddhas hehre Lehre durch die Finsternis unduldsamer Zeiten. Dieser duldsame Zug des Buddhismus ist es nicht zum wenigsten gewesen, der von jeher große Geister und tiefe Denker zu diesem Lichtquell geleitet hat. Ich meine da vor allen Schopenhauer, einen unserer bedeutendsten Denker. Die kommenden Jahrhunderte werden bei der Beurtheilung der Religionsgeschichte den Wert jeder einzelnen Religion nach dem Spruche beurtheilen: An ihren Früchten sollt ihr sie erkennen. Und in dieser Richtung wird der Buddhismus gut bestehen, denn seine Geschichte ist frei von Gewissenszwang und Menschenopfern. Grund genug für die Nachwelt, dem Buddhismus und seinem Gründer ein freundliches Andenken zu bewahren.

Belege.

1) Oldenberg, Buddha. Sein Leben, seine Lehre, seine Gemeinde Berlin 1881. Seite 67.
2) Kaegi, Der Rigveda, die älteste Literatur der Inder. Leipzig 1881.
3) Kaegi, Seite 119.
4) Kaegi, Seite 121. — Weber, Akademische Vorlesungen über indische Literaturgeschichte. Berlin 1852. Seite 27.
5) Kaegi, Seite 42.
6) Kaegi, Seite 68.
7) Kaegi, Seite 68.
8) Böhtlingk, Indische Sprüche. St. Petersburg 1863. I. Seite 265.
9) Essay, Seite 201.
10) Lefmann, Geschichte des alten Indiens. Berlin 1890. Seite 499.
11) The sacred books of the East. Translated by varions oriental scholars and edited by F. Max Müller. Oxford 1879. u. ff. XXV. The laws of Manu translated with extracts from seven commentaries by G. Bühler. Oxford 1886.
12) XII., 96.
13) XII., 5.
14) VIII., 22.
15) VIII., 39.
16) IV., 61.
17) IV., 163.
18) III., 150.
19) III., 61.
20) IX., 225.
21) XI., 67.
22) V., 89—90.
23) IV., 30.
24) II, 11.
25) Müller, Indien in seiner weltgeschichtlichen Bedeutung. Leipzig 1884. Seite 52.
26) Sacred books of the East. VII. The institutes of Vishnu, translated by Julius Jolly. Oxford 1880. XXXVII. und LIV.
27) Sacred books of the East. XXXVIII.
28) Nach Oldenbergs Darstellung.
29) Nach Oldenberg.
30) Oldenberg an vielen Stellen.
31) Schott, Ueber den Buddhismus in Hochasien und in China. Berlin 1846. Seite 2.
32) Wassiljew, Der Buddhismus, seine Dogmen, Geschichte und Literatur. Petersburg 1860. Seite 101.
33) Oldenberg, Seite 307, u. a. a. O.
34) Sacred books of the East. XVII Vinaya texts translated from the Pâli by T. W. Rhys Davids und Hermann Oldenberg. Mahâvagga, X., 3.
35) Sacred books of the East. XI. Buddhist Suttas, translated from Pâli by T. W. Rhys Davids. Tevigga Sutta. 8.
36) Sacred books of the East. XXI. The Suddharma — Pandârika or the lotus of the true law, translated by H. Kern. V.

37) Sacred books of the East. XXI., 16.
38) Sacred books of the East. Volume XXVI. The Satapatha-Brahmana according to the text of the Mâdhyandina School translated by Julius Eggeling Part II. Books III and IV. Oxford 1885. — 40 b
39) Sacred books of the East. Volume. XIX. The Fo-Sho-Hing-Tsan-King, a Life of Buddha by Asvaghosha Bodhisattva translated from Sanskrit into Chinese by Dharmaruksha. A. D. 420 and from Chinese into English by Samuel Beal. V. 25.
40) Sacred books of the East. Volume XIX. A life of Buddha. II. 9.
41) Sacred books of the East. Volume XXI. The Saddharma-Pundarîka or the lotus of the true law. Translated by H Kern. XIII.
42) Sacred books of the East. Volume XIX.—V. 25.
43) The Sacred books of the East Volume XXII. Vinaya texts translated from the Pâli by T. W. Rhys Davids und Hermann Oldenberg. Part III. Kullavaga X. 5. 1.
44) Waffiljew, Seite 74.
45) Kern, Der Buddhismus und seine Geschichte in Indien. (Deutsch von Jacobi) Leipzig 1882. II. Seite 43.
46) Kern, II. Seite 124 u. ff.
47) Kern, I. Seite 561.
48) Kern, II. Seite 563.
49) Böhtlingk, Indische Sprüche. St. Petersburg 1863.
50) Waffiljew, Seite 73.
51) Waffiljew, Seite 79.
52) Waffiljew, Seite 33.
53) Waffiljew, Seite 44.
54) Kern, II. Seite 390.
55) Waffiljew, Seite 72.
56) Kern, II.
57) Kern, II. Seite 150.
58) Waffiljew, Seite 47.
59) Waffiljew, Seite 18.
60) Waffiljew, Seite 22.
61) Kern, I. a. v. O.
62) Nach Kern. II.
63) Kern, II. Seite 489—532
64) Kern, II.
65) Schott, Seite 19.
66) Schott, Seite 20.
67) Schlagintweit, Buddhismus in Tibet. London und Leipzig 1863 Seite 61.
68) Schlagintweit, Seite 104—118.
69) Schlagintweit, Seite 145—170.
70) Koeppen, Die lamaische Hierarchie und Kirche. Berlin 1859. S. 387.
71) Koeppen, Seite 90.
72) Koeppen, Seite 91.
73) Koeppen, Seite 92.
74) Koeppen, Seite 92.
75) Siehe Scheichl, Der Islam und die Duldung. Linz 1898. Seite 28—29.

Im selben Verlage sind erschienen:

Scheichl, „Glaubensflüchtlinge aus Spanien mit den Niederlanden, Italien und Frankreich seit dem Jahre 1500". Eine culturgeschichtliche Abhandlung. Linz 1894.

Scheichl, „Glaubensflüchtlinge aus England, Schottland und Irland seit dem Jahre 1500". Eine culturgeschichtliche Studie. Linz 1896.

Scheichl, „Glaubensflüchtlinge aus Deutschland seit dem Jahre 1500 und die Duldung im 16. Jahrhunderte". Zwei culturgeschichtliche Aufsätze. Linz 1897.

Scheichl, „Der Islam und die Duldung". Eine Studie. Linz 1898.

Glaubensflüchtlinge

aus

Spanien mit den Niederlanden, Italien und

Frankreich seit dem Jahre 1500.

Eine culturgeschichtliche Abhandlung

von

Dr. Franz Schreichl,

Professor an der Linzer Handels-Akademie.

Linz 1894.

Verlag der Buchdruckerei E. Mareis.

Glaubensflüchtlinge

aus

Spanien mit den Niederlanden, Italien und Frankreich seit dem Jahre 1500.

Eine culturgeschichtliche Abhandlung

von

Dr. Franz Scheichl,

Professor an der Linzer Handels-Akademie.

Linz 1894.
Buchdruckerei E. Mareis.

„Unter den weniger beachteten Folgen der Reformation," sagt Lecky in seiner Geschichte Englands im 18. Jahrhunderte, „war vielleicht die wichtigste die Weiterverbreitung des Gewerbfleißes durch die vielen Tausende geschickter Handwerker, die durch die Verfolgung aus der Heimat vertrieben wurden. Gewerbe, deren Ausübung bis dahin gänzlich oder doch hauptsächlich an einzelne Orte gebunden erschien, wurden nun überallhin verpflanzt, wo sich die Flüchtigen niederließen. Dies war nicht das einzige Ergebnis der Auswanderungen. Leute, welche bereit sind, eher ihre Heimat zu verlassen, als ihren Glauben preiszugeben, sind gewöhnlich ihren Landsleuten an Geist, gewiß aber immer an Seelenstärke überlegen. Während die religiöse Verfolgung durch Ausscheidung solcher Menschen aus der Gesellschaft das Volksgepräge langsam, aber sicher verschlechtert, ist die Politik der Duldung, die Flüchtlinge an sich zieht, eines der wirksamsten Mittel, den Volksgeist zu heben und zu verbessern." Diese trefflichen Worte waren mir wie aus der Seele gesprochen, da ich mich gerade mit der Sammlung von bestimmten Angaben über die Auswanderungen aus den österreichischen Gebieten anläßlich der Gegenreformation beschäftigte. Ich beschloß nun, den Rahmen meiner Arbeiten über diesen Gegenstand weiter zu spannen und alle Auswanderungen oder Ausweisungen, die seit Beginn des 16. Jahrhundertes in Europa auf religiöse Bedrückungen zurückzuführen sind, in übersichtlicher Weise zusammenzustellen.[1]) In dieser

---
[1]) Eine Skizze dieser Arbeiten ist, soweit wenigstens das 16. Jahrhundert in Betracht kommt, im Jahresberichte der Linzer Handelsakademie, Jahrgang 1889/90, unter dem Titel „Glaubensflüchtlinge im 16. Jahrhunderte" erschienen. — Das Jahrbuch der Gesellschaft für die Geschichte des Protestantismus in Oesterreich (1893) enthält eine längere Abhandlung von mir, die sich mit den österreichischen Glaubensflüchtlingen befaßt. Sie führt den Titel: „Glaubensflüchtlinge aus den österreichischen Gebieten in den letzten vier Jahrhunderten."

Abhandlung werden die Auswanderungen aus Spanien, den Niederlanden, Italien und Frankreich besprochen. Die Arbeit bringt nichts Neues. Sie ist eben nur eine Zusammenfassung des bereits vorhandenen statistischen Materiales über die Auswanderungen um des Glaubens willen, soweit ich natürlich desselben habhaft werden konnte. Doch dürften auch solche Zusammenfassungen nicht ohne Wert sein. Ich habe mich bemüht, möglichst bei der Sache zu bleiben und nur die nothwendigsten Bemerkungen über das Warum dieser Auswanderungen einzuflechten. Für die Beischaffung der benützten Werke bin ich vor allem dem Director der königlichen Hof- und Staatsbibliothek in München, Herrn Dr. Laubmann, zu herzlichem Danke verpflichtet. Ich kann das außerordentlich freundliche Entgegenkommen, das mir von Seite dieses Herrn ward, nicht hoch genug anschlagen. Ziemlich viel Material habe ich auch während eines Ferienaufenthaltes in England im Reading Room der großartig eingerichteten Bibliothek des britischen Muséums in London gesammelt. Der Leitung dieses berühmten Institutes spreche ich für die ohne viele Umstände gewährte Zulassung, wie auch für manche freundliche Auskünfte — die Namen der betreffenden Herren sind mir leider entfallen — ebenfalls meinen verbindlichsten Dank aus. Schließlich fühle ich mich noch für die Durchsicht der Arbeit meinem Freunde Herrn Karl Kranzl, Lehrer in Vöcklabruck, herzlich verpflichtet.

Linz, im November 1893.

Geleitwort: „Der falsche Glaubenseifer ist ein
Zwingherr, der die Landschaften ent-
völkert; die Duldung ist eine zärtliche
Mutter, die sie pflegt und blühend
macht."
Friedrich II. von Preußen.

Spanien mit den Niederlanden.

Gerade die Vormacht Europas im 16. Jahrhunderte, S p a n i e n, wurde durch die Auswanderungen um des Glaubens willen am schwersten betroffen. In Spanien selbst hat freilich der protestantische Glaubensflüchtling nur eine untergeordnete Rolle gespielt; denn in dem Lande, das sich als die Hochburg des „mönchischen Idealismus" erwies, trieb die Reformationsbewegung nur dürftige Blüten. Sie erstickten rasch in dem Rauche der Scheiterhaufen. Dafür vertrieb man die J u d e n und die M o r i s c o s.

Im Verlaufe des jahrhundertelangen Kampfes zwischen den Christen und Mauren Spaniens war die unterworfene mohammedanische Bevölkerung zum größten Theile ausgewandert oder vertrieben worden. Da und dort kam es freilich zu einem Uebereinkommen, das den Unterworfenen Glaubensfreiheit sicherte. In der Regel aber hielt man sich an solche Uebereinkommen nicht, ja verletzte sie in abscheulicher Weise. Dieses Vorgehen steht in einem unschönen Gegensatze zu der von den Mauren den Christen gegenüber fast immer geübten Duldung.

Durch die Eroberung Granadas (1492) kam die pyrenäische Halbinsel ganz unter die Herrschaft des Kreuzes. Der ohnehin lebhafte Bekehrungseifer der Spanier erhielt so neue Nahrung. Juden und Mauren sollten zum Christenthume bekehrt werden.

Die Juden wurden damals in Spanien auf Hunderttausende geschätzt. Die Massenbekehrung im Laufe des 15. Jahrhundertes war nur äußerlich gewesen. Unmittelbar nach dem Falle Granadas erschien ein Befehl Ferdinands und Isabellas, wonach jeder Jude aus dem Lande zu weisen war, der sich weigerte, seinen Glauben abzuschwören. 55.000 Juden sollen sich haben taufen lassen. Die niedrigste Schätzung der vertriebenen Juden zeigt 160.000 Personen. Rochau gibt ihre Zahl gar auf 800.000 an. Die richtige Zahl wird wohl in der Mitte liegen. Wahrscheinlich wanderten ungefähr 300.000 Juden aus Spanien fort; überdies 100.000 aus dem spanischen Sicilien. Sie wandten sich nach fast allen Ländern Europas. In Portugal wurden sie mit Ausnahme von 600 sehr reichen Familien schon im Jahre 1495 wieder vertrieben. Beachtenswert erscheint vor allem, daß Clemens VII. (1525—34) den Juden im Kirchenstaate eine Zuflucht unter Sicherung freier Ausübung ihres Glaubens gewährte. Der Großherzog von Toscana, Cosimo von Medici, Herzog Hercules von Ferrara und Herzog Emanuel von Savoyen folgten dem Beispiele des Papstes und nahmen Juden in ihre Staaten auf. Spanische Juden fanden ferner eine Heimat in Frankreich: in Marseille, Toulon, Lyon, Perpignan, Bayonne, Bordeaux und Nantes. Heinrich II. gestattete ihnen durch eine offene Urkunde Freizügigkeit in seinem Gebiete. Das Parlament von Bordeaux gab einen Erlaß heraus, welcher verbot, die in seinem Sprengel nun ansässigen spanischen und portugiesischen Juden zu belästigen. Als Zufluchtsorte spanischer Juden werden weiters genannt: Dover, London und York in England; Brüssel, Leyden und Amsterdam in den Niederlanden; Aachen, Hamburg, Nürnberg, Leipzig und Berlin in Deutschland; Upsala und Halmstad in Schweden; Kopenhagen in Dänemark. In Stambul ließen sich 40.000 spanische Juden nieder, in Salonichi 20.000. In Smyrna, wie auch anderwärts, haben bis heute ihre Nachkommen den Gebrauch der spanischen Sprache beibehalten. Auch in dem Binnenlande erhielten die schon früher bestandenen jüdischen Gemeinden Zuwachs, so in Adrianopel, in Philippopel, in Skopia (Uskjub), in Serajewo. Die nach Afrika ausgewanderten wurden arg bedrückt, „so daß viele von ihnen vorzogen, nach Spanien zurückzukehren und die Taufe anzunehmen, vermöge deren dann später Tausende von ihnen und ihren Nachkommen auf die Scheiterhaufen der Inquisition geliefert wurden". (Rochau.)

Obwohl der maurischen Bevölkerung Granadas bei der Uebergabe volle Glaubensfreiheit verbürgt worden war, hielt man sich nicht an dieses Versprechen gebunden, besonders als der fanatische Ximenes rücksichtslos mit der Inquisition vorzugehen anfieng. Ein dadurch hervorgerufener Aufstand der Mauren sollte zu ihrem Verderben ausschlagen. Man stellte ihnen die Wahl: Bekehrung oder Auswanderung. Die begüterten Mauren wanderten nach Afrika. Castro gibt die Zahl der im Jahre 1502 vertriebenen oder freiwillig weggewanderten Mauren auf 300.000 an, eine Angabe, die wohl auf einem Irrthume beruht. Die Zurückgebliebenen taufte man gewaltsam und in großer Zahl. „Isabella von Castilien konnte im Jahre 1504 mit dem tröstenden Bewußtsein sterben, die eine Hälfte ihrer mohammedanischen Unterthanen zu Märtyrern und die andere zu zähneknirschenden Heuchlern gemacht zu haben." (Rochau.)

In Aragonien und Valencia, wo der Mohammedanismus staatsrechtlich anerkannt war, blieben die Mauren noch einige Zeit unbelästigt. Erst im September des Jahres 1525 befahl Karl V., daß sich alle Mauren im Königreiche Valencia taufen lassen sollten. Die Mehrzahl fügte sich in der That. Schließlich kamen die Mauren von Aragonien und Catalonien an die Reihe. Es ist begreiflich, daß über die Echtfärbigkeit des Christenthums dieser Moriscos, wie man die bekehrten Mauren nannte, einige Zweifel obwalteten. Insgeheim beharrten die meisten Neuchristen bei ihrem alten Glauben; denn es gährte unter ihnen beständig. Während des Aufstandes der Communeros (1521) gaben sie kräftige Lebenszeichen von sich. Die Inquisition bekam vollauf zu thun. In dem Jahre 1522 allein warfen die den „Ketzern" abgenommenen Güter eine Million Ducaten ab. Im Jahre 1525 wanderten 16.000 Mauren nach Afrika. Die Moriscos sahen sich von den Spaniern unaufhörlich in ihren Sitten und Gewohnheiten verhöhnt. Dadurch wuchs unter ihnen die Erbitterung, die nur eines Anlasses bedurfte, um in voller Wildheit loszubrechen. Dies geschah in der zweiten Hälfte der Sechziger-Jahre, als eine Reihe Verordnungen ihre nationale Eigenart im Lebensnerv bedrohte. Ein gewaltiger Aufstand erhob sich. Auf beiden Seiten verübte man furchtbare Grausamkeiten. Schließlich mussten die Moriscos ihren kriegs- und sieggewohnten Gegnern erliegen. Etwa 100.000 nöthigte man zur Auswanderung. Die übrigen nahmen das alte Joch der Knechtschaft und Verstellung weiter auf sich. Erst unter Philipp III., in den Jahren 1609—1613, wurde auf Veranlassung hervorragender spanischer Bischöfe auch der Rest dieser verdächtigen Neuchristen vertrieben. Die Gesammtzahl der Moriscos, welche Spanien in der Zeit von 1609—1613 verließen, wird von einigen auf eine Million, ja selbst auf 1,200.000 geschätzt; gewiss aber waren es mehr als 500.000. Viele giengen auf schreckliche Weise bei der Ueberschiffung nach Afrika zu Grunde. Nur in Tunis fanden sie dauernd eine gute Behandlung. Aus Algier wurden sie wieder verjagt. Viele Moriscos, namentlich aus Catalonien, wandten sich nach der Türkei, wo sie sich hauptsächlich in Constantinopel und Salonichi niederließen. Die Folgen dieser Austreibungen waren für Spanien sehr verderblich. Die Moriscos hatten die besten Landwirte und Handwerker gestellt. „Der Anbau von Reis, Baumwolle und Zucker, die Seidenwaren- und Papiererzeugung waren ganz in ihren Händen gewesen. Durch ihre Vertreibung wurde dies alles mit einem Schlage vernichtet und das meiste für immer zerstört." (Buckle.) 400 Dörfer lagen verwüstet. Und so erscholl unter Philipp IV. (1621—1665) die bezeichnende Klage: „Man reise durch fruchtbare Gefilde und sehe sie mit Dornen und Disteln bedeckt, weil niemand da sei, der sie bebaue."

Neben den Greueln, die gegen die Moriscos verübt wurden, treten die Verfolgungen, welche die **spanischen Protestanten** erduldeten, etwas in den Hintergrund, wenngleich sie noch immer schrecklich genug sind.

Es war in den letzten Lebenstagen des in klösterlicher Einsamkeit von den Welthändeln zurückgezogenen Karl V., sagt Maurenbrecher, dass in das stille Thal von San Juste die entsetzliche Kunde drang, selbst in Spanien habe der Protestantismus Wurzeln gefasst, in Sevilla und Valladolid seien lutherische Gemeinden entdeckt worden. Der Protestantismus hatte fast in allen Städten des Landes einige Anhänger, im Ganzen wohl mehrere Tausende; die meisten in Aragonien. Das Vorhandensein spanischer Protestanten musste übrigens schon früher bekannt gewesen sein, denn schon um's Jahr 1540 flohen einzelne dieser Ketzer aus dem Lande. Die regelrechte Verfolgung begann erst im Jahre 1557. Schnell waltete das Glaubensgericht seines Amtes. Mit großer Vorsicht und Umsicht wurde das Netz über den arglosen Ketzern zusammengezogen. In Valladolid nahm man an einem Tage 800 Verdächtige in Gewahrsam. In dieser Stadt, wie auch in Sevilla, Toledo, Murcia, Saragossa, Barcelona, Granada, Logrono und in anderen Orten waren sehr viele Ketzer zu verbrennen. Dem zweiten Auto de Fé (Bethätigung des Glaubens) zu Valladolid, wobei 30 Menschen umkamen, wohnte sogar König Philipp mit seinem Hofstaate bei. Castro führt dem Namen nach ungefähr 60 der bedeutendsten spanischen Protestanten an, die um ihrer Ueberzeugung willen den Tod erlitten. Im Ganzen fiel wohl bei dieser Verfolgung das Gut und Blut von mehr als tausend Ketzern der Glaubenswuth zum Opfer. Im Jahre 1570 war beinahe jede Spur protestantischen Ketzerthums in der stolzen Hispania getilgt: „Kein Fleckchen verunzierte mehr den Saum ihres Kleides." Diejenigen spanischen Protestanten, welche den Schlingen der Inquisition entronnen waren, fanden in der Fremde eine neue Heimat. Antwerpen war der erste Platz, wo sie sich zu einer Gemeinde zusammenschlossen. In Straßburg, Frankfurt am Main, Heidelberg und anderen deutschen Städten gab es spanische Glaubensflüchtlinge; vor allen in der Pfalz und auf den Besitzungen des Landgrafen von Hessen-Cassel. Spanier ließen sich auch in Basel und Lyon nieder; ihre Hauptzufluchtsstätten aber bildeten Genf und London.

In den Niederlanden hatten die neuen Lehren in der verschiedensten Gestaltung Wurzel gefaßt; doch behauptet« der Calvinismus bald den Vorrang. Schon unter Karl V. wurde eine Reihe strenger Verfügungen erlassen, bei deren Ausführung viele Ketzer umkamen. Es hat sich übrigens herausgestellt, daß die Berichte über die ungeheure Zahl Opfer, welche in den Niederlanden des Glaubens halber gestorben sein sollen, in das Reich der Fabel zu verweisen sind. Sie fußen auf den Angaben des Hugo Grotius, der in seinen Annales et historiae de rebus belgicis die unter Karl V. hingerichteten Ketzer auf 100.000 schätzte. Spätere Geschichtschreiber, wie Prescott, verringerten diese Summe um die Hälfte. Motley freilich griff wieder auf des Grotius' Annahmen zurück. Claessens schätzte die Opfer des Blutrathes auf 8000. Nach ihm wurden aus Brabant, Limburg und Luxemburg 1235 Personen verbannt und 109 in diesen Gebieten hingerichtet. In Antwerpen kamen in den Jahren 1521—1578 nur 380 Verurtheilungen wegen Ketzerei vor. Dagegen scheint allerdings zu sprechen, daſs sich Alba selbst rühmte, er hätte in den 6 Jahren seiner Verwaltung mehr als 18.000 Menschen dem Tode geweiht. Ob hier ein Miſsverständnis oder eine Prahlerei Albas vorliegt, bleibt dahingestellt. Vielleicht waren die 18.000 keine Ketzer, sondern nur Staatsverbrecher! In der allerneuesten Zeit hat van der Haeghens darzuthun versucht, daſs die Zahl der um des Glaubens willen in den Niederlanden hingerichteten Reformierten 2000 nicht übersteigt.

Von einschneidender Bedeutung sind die Auswanderungen gewerbfleißiger Niederländer geworden. Schon um das Jahr 1550 haben sich Tausende nach England, nach Deutschland und Frankreich geflüchtet. Gleich nach dem Beginne der Regierung Philipps II. zogen abermals Tausende in der Furcht vor den Zukunftsplänen des neuen Herrschers über das Meer. Unter Albas Schreckensherrschaft glich die Auswanderung einer fast allgemeinen Flucht. Selbst Katholiken verließen in Scharen das Land. Margaretha von Parma behauptete in einem Briefe vom 8. September 1567 an Philipp sogar, daſs etwa 100.000 Menschen bei der Ankunft Albas das Weite gesucht hätten.

Die Verhaftung Horns und Egmonts gab der Auswanderung neuen Zuwachs. Im Verlaufe weniger Wochen, so wird versichert, seien nicht weniger als 20.000 Personen fortgewandert, darunter viele aus den höheren Ständen. Freilich müssen wir alle diese riesigen Zahlen mit Vorsicht aufnehmen. Sie sind nur der Ausdruck der außergewöhnlichen Völkerströmung. Ein königlicher Befehl suchte zwar unter Androhung der schwersten Strafen dieser allgemeinen Wanderung, wiewohl vergebens, zu steuern. Die Städte entvölkerten sich. So stand in Gent bald die Hälfte der Häuser leer. Tausende wallonischer Familien namentlich aus Lille, Arras, Douay, Valenciennes, Tournay, Mons, Oudenarde wanderten aus. Als sich die sieben nördlichen Landschaften im Jahre 1579 ganz von Spanien loslösten, da zogen wiederum viele Tausende reformierter Wallonen aus Artois, Hainault und Flandern nach Holland. In allen größeren Städten des künftigen Freistaates bildeten sich zwischen 1579 und 1589 wallonische Niederlassungen, vornehmlich in Amsterdam, Harlem, Delft, Middelburg, Utrecht, Dortrecht, Leyden. In dem letzten Orte ließen sich hauptsächlich Wollkrämpler, Weber, Tuchmacher und Färber nieder. Etwa 50 wallonische Familien schifften im Jahre 1625 über das Meer nach der Siedelung: Neu-Niederland. Die einen machten sich in Neu-Amsterdam (New-York) seßhaft, andere gründeten das Fort Orange, wieder andere setzten sich auf Staaten Island fest. Die „Wallonenbucht" behielt lange ihren Namen.

Sehr traurig war das Schicksal Antwerpens, dieser damals nebst Lissabon bedeutendsten Handelsstadt des Festlandes. Sie hatte 15.000 Häuser mit 250.000 Einwohnern. Die Zahl der fremden Handelshäuser betrug gegen tausend. Der Warenhandel soll jährlich 500 Millionen (Gulden?), der Wechselhandel eine noch höhere Summe erreicht haben. Der Gewerbfleiß war hier in den verschiedensten Gestalten daheim. „Man verfertigte alle Arten wollene Zeuge und Leinwand, Tapeten, Teppiche nach türkischer Art; man hatte Ledermanufacturen, Färbereien, eine Glasfabrik nach venezianischer Art; man verfertigte Gold- und Silberstoffe, allerlei Seidenwaren, Sammt, Atlas, Damast; man reinigte Metalle, bereitete Zinnober, Mennig, hatte Salz- und Zuckersiedereien, Druckereien u. f. w." Als diese Stadt sich im Jahre 1585 den Spaniern ergeben mußte, geschah es nach dem Uebereinkommen, daß während eines Zeitraumes von vier Jahren niemand gewissenshalber belangt werden sollte, wenn er friedlich und ohne Aergernis lebte (vivant paisiblement et sans scandale). Denjenigen Protestanten und Reformierten, die nach Verlauf dieser Zeit noch nicht in den Schoß der Kirche (natürlich der katholischen) zurückgekehrt wären, stand die Auswanderung in die Fremde frei. Die vorzüglichsten Kaufleute ließen sich demzufolge in Amsterdam, Hamburg und England nieder. Nach Amsterdam wandten sich meist Reformierte, nach Hamburg Lutherische. Im Anfange des 17. Jahrhundertes sank Antwerpen von 250.000 Einwohnern bis auf etwa die Hälfte herab. Amsterdam trat nun an seine Stelle und erhob sich bald zu solcher Blüte, daß es die erste Handelsstadt des Festlandes wurde. Diejenigen Antwerpner, welche sich in England ansässig machten — eine nicht leicht auf ihre Richtigkeit zu prüfende Behauptung besagt, es sei ein Drittel der Gesammtbevölkerung gewesen — waren Handwerker und Kaufleute, die hauptsächlich Seide, Damast, Taffet, Bojen, Sojen, Sarschen, Strümpfe u. s. w. verfertigten oder damit handelten. Nach Hamburg brachten sie die Kenntnis des dort noch wenig bekannten Zwischenhandels. Im Jahre 1639 wurden auf einmal 165 niederländische Familien in den Gemeindeverband aufgenommen. Einige davon besaßen ein Vermögen von 240.000 Mark. Wahrscheinlich waren dies die Nachkommen früher eingewanderter Geschlechter. In Trittau im Holsteinischen legte ein Antwerpner eine Drahtmühle an. Sachsen erhielt vorzugsweise Tuchwirker; Leinweber begaben sich nach Westphalen, Barchentweber nach Meiningen im Hennebergischen; das Eichsfeld erhielt Wollweber, das Bergische und Märkische Metallarbeiter.

Aehnlich wie den Bewohnern von Antwerpen ergieng es den Evangelischen von Dünkirchen, Ypern und anderen Orten, die Alexander Farnese eroberte.

Sehr bedeutsam erwiesen sich die Folgen der Zuwanderungen von Niederländern für England. Darüber liegen auch eingehende Nachrichten vor. Alle Arbeiten darüber beruhen im wesentlichen auf Burns Ausführungen.

Die große Zuströmung von Niederländern nach England unter Eduard III. (1327—1377) hatte gewissermaßen den Grund zur englischen Industrie gelegt. Die Einwanderung der Glaubensflüchtlinge begann unter Eduard VI. (1547—1553). Man schätzte die geflohenen Niederländer (Vlämen und Wallonen), die sich um das Jahr 1562 in England niedergelassen hatten, auf 18.000 bis 20.000. Im Jahre 1566 war ihre Zahl bereits auf 30.000 gestiegen. Es gab kaum eine Stadt von einiger Wichtigkeit in England, wo Niederländer nicht gefunden wurden. So siedelten sie sich nachweisbar an in: London; Wandsworth[1] (Surrey); Canterbury, Dover, Faversham, Maidstone, Sandwich (Kent); Colchester, Canvey-Insel in der Themse, Harwich, Halstead (Essex); Rye, Winchelsea (Sussex); Whittlesey, einem kleinen Dorfe auf der Insel Ely (Cambridge); Bolton (Lancaster); Worcester, Droitwitch, Evesham, Kidderminster

---

[1] Die Namen der Grafschaften stehen in den Klammern.

(Worcester); Glastonbury (Somerset); Hertford (Hertford); Halifax, Leeds, Wakefield, Sheffield (Yorkshire); Shotley-Bridge bei New-Castle on Tyne (Northumberland); Durham (Durham); Kendal (Westmoreland); Manchester (Lancashire); Norwich, Yarmouth, Thetford (Norfolk); Southampton (Hampshire); Stroud (Gloucester); Stamford, Sandtoft (Lincoln); Honiton, Colyton (Devonshire). — Manche zogen auch nach Irland, nach Dublin, Waterford, Limerick, Belfast u. s. w.; nur wenige nach Schottland. Doch wird im Jahre 1609 eine niederländische Siedelung in und um Edinburg erwähnt.

In London bildeten die Niederländer geschlossene Gruppen, hauptsächlich in Southwark und Vermondsey. Im Jahre 1550 sollen in London nach einer jedenfalls sehr übertriebenen Angabe 40.000 Fremde gewesen sein. Gewiß kommt eine andere Angabe der Wahrheit näher; sie besagt, daß die Zahl der Fremden im Jahre 1571 im Ganzen 9704 betragen habe, ohne jene zahlreichen Ausländer, die sich außerhalb der Freiung befanden. Drei Viertheile dieser Fremdlinge waren Niederländer.

In Bow, bei London, errichteten sie Färbereien. Bis zum Jahre 1608 waren die Engländer im Färben und Zubereiten von Wollwaren nicht recht bewandert; sie schickten diese Waren ungefärbt nach Holland, wo sie gefärbt und wieder an die Engländer verkauft wurden. Ein Vläme, Namens Kepler, errichtete die erste Scharlachfärberei in Bow, weswegen die Farbe zuerst Bowdye (Bowfarbe) genannt wurde.

In Norwich betrug die Zahl der Fremden im Jahre 1570 viertausend, im Jahre 1580 mehr als 4600. Die Seiden-, Woll- und Papierindustrie, die Hutmacherei und Töpferei wurden durch die Fremdlinge in der Stadt eingeführt und zu hoher Blüte gebracht. Vor allen wird die Verfertigung von Boyen (bayes), Sarschen (sayes), gewirkten Tapeten (arras) und Trippsammet (mockades) auf die zugewanderten Niederländer zurückgeführt. Gemäß der Ueberlieferung verdankt man ihnen auch das Abhaaren (stripping) und Beblümen der Stoffe.

In Maidstone führten die Niederländer die Zwirn- und Spitzenverfertigung ein. Der für den thread-man (Zwirnmann) gesponnene Flachs wird noch jetzt mit dem Namen Holländerarbeit (Dutchwork) bezeichnet.

Das Klöppeln der Spitzen brachten Bewohner von Antwerpen, Brügge und Valenciennes nach Honiton und Colyton in Devonshire.

Die Wallonen in Glastonbury waren Wollenweber; ebenso die in Canterbury ansässigen. Im Jahre 1694 hatten sie in letzterer Stadt 1000 Webstühle im Gange und beschäftigten allein 2700 Leute.

In Manchester, Bolton und Halifax verfertigten die Niederländer hauptsächlich Ueberzüge (coatings), in Kendal Tuchmützen und wollene Strümpfe.

Erst seit der Ansiedlung der plämischen und wallonischen Weber nahm die Tuchmacherei in England einen großen Aufschwung.

Metallarbeiter aus Lüttich verpflanzten ihre Geschicklichkeit und ihre Gewerbe, namentlich das Anfertigen von Schwertern und Beschneidmessern (edge-tools) nach Shotley-Bridge bei New-Castle on Tyne und nach Sheffield. — In Wandsworth errichteten Niederländer eine Messingblechfabrik. Die Verfertigung von Stecknadeln scheinen die Engländer auch von den Niederländern oder Deutschen überkommen zu haben. Auch die Drahterzeugung wurde durch die Eingewanderten befördert.

Außerdem befanden sich unter ihnen viele Schmiede, Müller, Brauer, Tischler, Gerber.

Norfolk verdankt plämischen Hutmachern die Einführung von Biber-, Filz- und befransten Hüten (thrummed hats).

Da die Handschuhmacherei in England erst unter Elisabeth begann, so wurde auch dieses Gewerbe wahrscheinlich von den Niederländern eingeführt oder beeinflußt.

In Wandsworth, Battersey und Bermondsey siedelten sich plämische Gärtner an. Der Anbau von Kohl, gelben Rüben und Sellerie fand durch sie Einführung und Aufschwung. Sie zogen auch am ersten Zierpflanzen. Die Königin Katharina, die Gemahlin Heinrichs VIII., soll noch genöthigt gewesen sein, nach Holland zu schicken, wenn sie Salat brauchte, und noch einige Zeit hindurch wurden die meisten Küchengemüse aus Flandern bezogen.

„Eine Schar niederländischer Fischer ließ sich im Jahre 1568 in Yarmouth nieder. Vor dieser Zeit wurden die Fische den englischen Küsten entlang meistens von den Niederländern gefangen, welche sie in Holland einpökelten und dann zum Verkaufe in die englischen Märkte zurückbrachten. Aber kurz nach der Begründung der Fischerei zu Yarmouth durch die Vlämen wurde der Verbrauch im Inlande beinahe ganz durch diese Fischer gedeckt. Sie führten auch die Kunst des Salzsiedens und des Einsalzens der Häringe ein, ursprünglich eine vlämische Erfindung; dieser Erwerbszweig fand bald auch in anderen Orten Eingang und bot sehr vielen Leuten Beschäftigung." (Smiles.)

Auch die Einführung der Pendeluhren in England erfolgte durch einen Holländer. Doch gehört sie einer späteren Zeit an, da die erste dieser Pendeluhren der Königlichen Gesellschaft (Royal Society, gegründet 1663), überreicht wurde.

Auch die Wasserbauten aller Art, namentlich das Anlegen der Kanäle zur Entwässerung sumpfiger Landstriche fanden durch die Niederländer große Förderung.

Ein altenglischer Reim faßt dieses Einströmen fremden Gewerbfleißes in den Worten zusammen:

„Hops, reformation, bays and beer,
Came into England all in a year."

(Hopfen, Glaubensneuerung, Wollenzeug, und Bier kamen nach England alle in einem Jahre.)

Die eingewanderten Niederländer erfreuten sich bald großer Wohlhabenheit. Als im Jahre 1558 die Königin Elisabeth ein Anlehen durch freiwillige Beiträge aufbrachte, zeichneten 38 der fremden Kaufleute unter sich 5000 Pfund. Kein Wunder, daß ihnen der Brotneid bald zu schaffen machte. Es kam mitunter, wie im Jahre 1593, sogar zu drohenden Aufläufen gegen die „Fremdlinge", die natürlich der einheimischen Bevölkerung das Brot wegstahlen.

Außer England waren es zunächst die anliegenden deutschen Gebiete, wohin sich der Strom der Flüchtigen zu Tausenden ergoß.

„Von den pfälzischen Landen bis herab nach Jülich, Cleve und Ostfriesland, von dort einwärts bis nach Bremen füllten sich die Städte mit niederländischen Flüchtlingen, und zwar nicht bloß mit schlichten Handwerkern und gehetzten Predigern, sondern zugleich mit reichen Kaufherren, mit Angehörigen städtischer Obrigkeiten und des niederländischen Adels. Viele dieser Auswanderer suchten und fanden eine neue Heimat, aber die kräftigeren Leute brauchten nur eine Zuflucht, um sich zu sammeln und den Kampf gegen den Unterdrücker mit geeinter Macht wieder aufzunehmen." (Ritter.) Als Hauptsammelplätze werden bezeichnet: Wesel, Köln, Emden, Aachen, Düsseldorf, Heidelberg, Frankfurt a. M., Stade, Hamburg, Altona, Königsberg. In Hamburg bestand die holländische Siedelung bald nach 1585 aus 150 wohlhabenden Familien.[1]) In Frankfurt gab es 500 französische Flüchtlinge aus den spanischen Niederlanden. Da ihnen daselbst Hindernisse bei der Ausübung ihres Gottesdienstes in den Weg gelegt wurden, entschlossen sich viele Hausgenossenschaften, in die Kurpfalz auszuwandern, wo sie in Verbindung mit anderen wallonischen und französischen Familien Siedelungen in Franckenthal, Schönau bei Heidelberg, St. Lamprecht, Oppenheim, Kloster Lirheim, Neustadt an der Hardt und Lautern gründeten. Die Stadt Mannheim erstand unter Kurfürst Friedrich IV. († 1610) eigentlich durch Besiedelung seitens der Niederländer. Diese Ansiedler waren zumeist Glaubensflüchtlinge (Wallonen) aus Flandern, Hennegau, Lüttich und Luxemburg. In der Pfalz siedelten sich namentlich viele wallonische Brauer an, die ein Jahrhundert später nach Brandenburg zogen. Dann gab es niederländische Flüchtlinge in Würtemberg, ferner in Augsburg und Kempten. In Brandenburg ließen sich Tuchweber, Färber und andere Handwerker nieder. Sie machten sich in der Priegnitz, besonders zu Wittstock, in Stendal, Brandenburg, Kottbus und Peitz seßhaft. Auch in dem damals hohenzollerischen Herzogthum Jägerndorf fanden evangelische Niederländer Zuflucht und Aufnahme. Durch sie wurde die Tucherzeugung in diesem Ländchen fest begründet. In Ost- und Westpreußen: in und um Preußisch-Holland, in den Dörfern Bordein und Schöneberg gab es niederländische Ansiedler. Darunter waren auch manche Mennoniten (Wiedertäufer), die schon unter Karl V. aus den Niederlanden geflohen waren. In den Niederlanden hatten die Wiedertäuferpropheten überhaupt großen Anhang gefunden. Amsterdam war ihr Hauptsitz. Als sie hier, wie auch in fast ganz Deutschland, verfolgt wurden, zogen viele nach Straßburg, das ihnen geraume Zeit als sichere Zuflucht diente.

[1]) Siehe Seite 10.

Es ward ihr „Eldorado"; aber nur bis zum Jahre 1534. Von den Niederlanden gieng auch die Gründung des Gottesreiches in Münster (1534/5) aus. „Die Holländer und Friesen, die Bösewichter aus allen Landen, die nirgends bleiben konnten, die zogen nach Münster und versammelten sich daselbst." Sie vertrieben Katholische und Evangelische aus der Stadt und richteten sich ihrerseits behaglich ein. Mit dem Sturze dieses tollen Königthumes, eines auf Gütergemeinschaft ruhenden Freistaates mit einem Machthaber an der Spitze, war die Herrschaft der rücksichtslosen Umstürzler abgethan. In den Niederlanden erhielten sich Wiedertäufer noch lange in großer Zahl. Im Jahre 1626 wurde ihnen daselbst volle Glaubensfreiheit gewährleistet. Einige zogen auch nach England, wo ihr Geist später unter den „Unabhängigen" neu auflebte.

Noch nach dem westphälischen Frieden, der wohl Deutschland, aber nicht den spanischen Niederlanden Bekenntnisfreiheit brachte, wanderten wallonische Protestanten in die Unterpfalz. Im Jahre 1660 schifften sie nach Amerika und ließen sich vorerst in Esopus nieder, wo sie die Siedelungen Wiltwyk und New-Village gründeten. Später besiedelten sie das Wallkill-Thal. Die neue Niederlassung erhielt zur Erinnerung an den Rhein den Namen: Le nouveau Palatinat oder Neupfalz. — Viele Niederländer flohen auch nach Polen; sie ließen sich insbesondere in der Nähe der Stadt Filehne nieder.

Die verderblichen Folgen der, wenn auch in ihrer Art großen Politik Philipps II. hat Schiller, allerdings mit jener dichterischen Freiheit, die alle Ereignisse einer langjährigen Herrschaft in einem Brennpunkte sammelt, in den Worten Posas ausgesprochen:

„Schon flohen Tausende
Aus Ihren Ländern froh und arm. Der Bürger,
Den Sie verloren für den Glauben, war
Ihr edelster. Mit off'nen Mutterarmen
Empfängt die fliehenden Elisabeth,
Und furchtbar blüht durch Künste uns'res Landes
Britannien. Verlassen von dem Fleiß
Der neuen Christen liegt Granada öde
Und jauchzend sieht Europa seinen Feind
An selbstgeschlag'nen Wunden sich verbluten."

Die Inquisition in Spanien arbeitete nach wie vor erfolgreich weiter. In den ersten Jahren ihrer Wirksamkeit fielen ihr nach Clorente zehntausend Menschenleben zum Opfer; doch werden dessen Angaben von vielen Geschichtsforschern angezweifelt und als übertrieben bezeichnet. Noch bei dem Auto de fé zu Madrid im Jahre 1680 gab es 118 Opfer. Doch war nur ein Protestant darunter. Im Jahre 1691 verbrannte man auf Majorca ungefähr 60 Juden und Ketzer. Während der Regierung Philipps V. (1701—1746) wurden 782 Autos gehalten; dabei kamen 1564 Menschen um, unter denen aber keine Protestanten gewesen zu sein scheinen. Dafür hatte die reformierte Kirche noch im Jahre 1805 einen Märtyrer.

Bei der großen nationalen Abneigung gegen die Ketzer ist es merkwürdig, daß der Kardinal Alberoni während seiner freilich kurzen Herrlichkeit als Staatsmann (1714—1719) es wagen konnte, holländische Fabrikanten und englische Färber in's Land zu bringen, um das heimische Gewerbe zu heben. Jedenfalls zeigt dies seine aufgeklärte Verwaltung — von seiner unglücklichen Politik ist hier nicht die Rede — in einem schönen Lichte.[1]) Noch Moltke fand auf seinen Reisen Spuren dieser niederdeutschen Colonien. Er lobt deren Reinlichkeit und Sauberkeit im Gegensatze zu den umliegenden von Einheimischen bewohnten Dörfern.

Italien.

Auch in Italien, von dem in der Mitte des 16. Jahrhundertes Sicilien, Neapel, Mailand und Sardinien der spanischen Monarchie einverleibt waren, hatte die Glaubensneuerung Eingang gefunden. Fast in jeder größeren Stadt Italiens gab es Anhänger Luthers, so vorzugsweise in Rom, Venedig, Siena, Lucca, Bologna, Modena, Ferrara, Florenz, Mailand, Como. In Neapel zählte man Tausende Protestanten, darunter „viele Schulmeister". Selbst auf Sicilien, in Messina und Palermo, hatte sich das Ketzergezücht eingenistet. Seit dem Jahre 1542 begann die Inquisition diesen Ketzern eifrig nachzuspüren. In wenigen Jahren wurden die italienischen Gefilde von dem eingedrungenen Gifte gründlich gesäubert;

---

[1]) Allerdings können diese Einwanderer auch katholische Wallonen und Irländer gewesen sein.

nur die Lutheraner im päpstlichen Heere schonte man. Im Jahre 1556, während des Krieges zwischen Papst Paul IV. und Spanien, standen nicht weniger als 3000 deutsche Lutheraner im päpstlichen Solde. „Die Welt schien aus den Fugen zu sein, als das Haupt der Kirche Ketzer zu Verbündeten und Katholiken zu Feinden hatte." (Prescott.) — Venedig verweigerte anfangs des Handels wegen jedes strengere Vorgehen gegen die Lutheraner, so daß es die Zufluchtsstätte vieler Evangelischer Italiens wurde. Erst in den Jahren 1546 und 1547 begannen auf das Drängen des Papstes hin die Ketzerverfolgungen im Gebiete der Republik. In Vicenza, in Treviso, in Bergamo wurden 19 Anhänger der neuen Lehren hingerichtet; 44 kamen mit leichteren Strafen davon. Die meisten Verurtheilten waren Priester und Handwerker. Eine große Zahl Edler aus Vicenza floh nach der Schweiz, Deutschland, Polen und England. In Friaul wüthete die Verfolgung hauptsächlich im Jahre 1558. Friaulische Protestanten flohen in den österreichischen Theil Istriens. In dem venetianischen Gebiete Istriens, in Capo d'Istria und Pola verfolgte man die Ketzer ebenfalls. Die eingefangenen fanden meist ihren Tod durch Ertränken. „In mitternächtiger Stunde wurde der Gefangene aus seiner Zelle geführt und in ein Boot gebracht, nur begleitet von den Bootsleuten und einem Priester. Man ruderte in's Meer hinaus, wo ein anderes Boot wartete. Quer über die zwei Boote legte man eine Planke, auf welche der gefesselte Gefangene, an dessen Füßen ein schwerer Stein befestigt war, gestellt wurde. Auf ein Zeichen hin ruderten die Boote auseinander, und der Ketzer versank in der Tiefe." (Crie.) — Aehnliche Verfolgungen werden aus dem Mailändischen, aus Parma, Lucca, Rom, Bologna u. a. O. gemeldet. In Reggio (Calabrien) kerkerte man im Jahre 1562 viele Lutherische ein, die meist auf dem Scheiterhaufen endeten. Die Waldesier Siedelung in Calabria citeriore war im 16. Jahrhunderte auf 4000 Menschen angewachsen. Sie besaß zwei Städte: Santo Xisto und La Guardia. Auch über diese Waldesier brach die Verfolgung herein. Im Jahre 1560 wurden in Montalto 88 Männer förmlich abgeschlachtet. „Einigen schnitt man die Kehle ab, andere sägte man entzwei; wieder andere wurden von der Spitze eines Felsens herabgestürzt." Die gefangenen Männer schickte man auf die spanischen Galeeren, die Frauen und Kinder wurden als Sklaven verkauft. So fanden alle Ansiedler mit Ausnahme jener wenigen, die ihrem Glauben entsagten, den Untergang. Mehr als 2000 Leute waren umgekommen, 1600 zu lebenslänglichem Kerker verurtheilt. Viele italienische Protestantenfamilien wanderten aus; die meisten nach Genf. Die italienische Gemeinde wurde hier im Jahre 1542 gegründet. Sie bestand anfangs zumeist aus Flüchtlingen von Venedig, Vicenza, Trepiso. Von 1554—1564 kamen 160 vornehme Italiener zum Theil mit ihren Familien dorthin; aus Lucca allein 27 Familien. Im Ganzen fanden etwa 300 reichbegüterte italienische Familien in Genf ihre Zuflucht. Sie zeigten sich sowohl durch Geschenke als auch durch Darleihen als Wohlthäter der Stadt. Auch aus Ferrara und dem Venetianischen, namentlich aus Vicenza, flohen viele. Nicht wenige der Vertriebenen wandten sich nach dem Tessin und Graubünden.

"An der Nordspitze des Lago Maggiore, sagt Benrath, da, wo das Gebirge höher ansteigt und seine Wände schroffer in den See abfallen, liegt eine alte Stadt, Locarno, einst die reichste und mächtigste am ganzen Ufer, jetzt von den Nachbarorten überflügelt. Freundlich spiegeln sich ihre weißen Häuser in den tiefblauen Wellen. Das aufsteigende Gelände ringsum und selbst die steilen Abhänge sind sorgsam bebaut. Lorbeer und Granatbaum, Feige und Weinstock, höher hinauf Nußbaum und Kastanie, endlich mannigfaltiges Laubholz — so reicht Süd und Nord sich hier die Hand, um die Mühe des fleißigen Bewohners zu lohnen." Auch in diesem schönen Erdenwinkel hatte die Kirchenneuerung Eingang gefunden. Die evangelische Gemeinde in Locarno zählte im Jahre 1548 schon 200 Mitglieder. Die katholischen Bundeskreise setzten es aber durch, daß diese Evangelischen, meist Gewerbsleute und Handelsleute — doch waren auch einige Adelige: die Muralti und Orelli darunter — zur Auswanderung verhalten wurden. 116 Personen zogen im Jahre 1555 nach Zürich. Die Locarner führten hier die Sammtweberei ein und verstanden zugleich das Färben der Seide. Die meisten Locarner wanderten später nach Basel weiter.

Der Hauptstrom der italienischen Flüchtlinge ergoß sich zuerst nach Graubünden, wo sich viele seßhaft machten. In Graubünden hatte die Glaubensneuerung schon im Jahre

1521 Eingang gefunden. Der Bundestag zu Davos erklärte bei Androhung entsprechender Strafe im Jahre 1526, dass es allen Leuten beiderlei Geschlechtes und jedweden Standes und Ranges innerhalb des Bundesgebietes freistehen sollte, die katholische oder evangelische Religion zu bekennen, und dass Niemand den Nächsten weder öffentlich noch in der Familie seines Glaubens wegen verspotten oder verhöhnen dürfe. Trotz dieser staatlich verbürgten Bekenntnisfreiheit kam es späterhin zwischen den Katholiken und Reformierten zu argen Verfolgungen. Die grösseren und wichtigeren Bezirke des oberen und unteren Engadin und ganz Pregalia wurden durch die italienischen Flüchtlinge in den Jahren 1542—1552 der neuen Lehre gewonnen. Den Ränken Roms gelang es übrigens, die italienischen Protestanten aus dem Valtelin zu vertreiben. Ausserdem liessen sich italienische Glaubensflüchtlinge nieder in Strassburg, in Lyon, wo sie die Seidenindustrie bedeutend förderten, in Antwerpen, in London und in den polnischen Städten, namentlich in Krakau, Wilna und Posen. Die Italiener in London handelten mit Seide, Sammt, Damast und erwarben grossen Reichthum. Unter Eduard VI. besorgten zwei Mäkler alle Versicherungen in London in italienischer Sprache. Dagegen schritt ein gewisser Richard Candelier bittweise für das Abfassen der Polizzen in englischer Sprache ein, damit die Versicherer verstünden, was sie unterschrieben. Auch die Glaserzeugung wurde durch Italiener gefördert. Einem gewissen James Verselyn, einem Venetianer, wurde im Jahre 1575 ein Sonderrecht zum Glaserzeugen gewährt.

In Piemont verfolgte man die Waldesier in den Thälern Lucern und St. Martin in den Jahren 1559—61 heftig. Doch vertheidigten sie sich so gut, dass der Herzog Emanuel Philibert von Savoyen, wiederholt gedrängt von seiner aufgeklärten Gattin, den Waldesiern den Frieden mit freier Glaubensübung gewährte. Doch schon im Jahre 1565 handelte man gegen dieses Uebereinkommen. In Folge dessen zogen viele Waldesier des Thales Barcelonette in das zu Frankreich gehörige Thal von Freyssinières. Sonst aber blieben die Waldesier bis zum Tode Emanuel Philiberts (1580) in Ruhe. Karl Emanuel I. Philibert († 1630) duldete die Waldesier nur in den Thälern Lucern, St. Martin und La Peyrouse. Nach der Besitznahme von Saluzzo (1601) mussten die daselbst wohnhaften Waldesier das Land verlassen. Sie flüchteten zu ihren Glaubensgenossen in den vorhin genannten Thälern. Auch aus den Thälern Queyras, Mathias und Méane vertrieb Karl Emanuel im Jahre 1603 die Waldesier. Im Jahre 1622 begannen die Verfolgungen auf's neue. Manche Waldesier wanderten in's Gebiet von Gapauçois, nach Orange, Lyon, Genf.

Eine merkwürdige Wiederbelebung der reformatorischen Bewegung zeigte sich im Jahre 1606 in Venedig. Man zählte damals 300 Edelleute und 15.000 Personen aus dem Volke als Anhänger der neuen Lehre. Wegen des politischen Gegensatzes zu Rom drohte die Lagunenstadt unter Führung des Fra Paolo Sarpi sogar gänzlich zum Protestantismus überzugehen. Doch erwies sich die ganze Bewegung als ein Strohfeuer. Die französische Vermittlung vermochte noch in eilfter Stunde die Gefahr zu beseitigen.

In Piemont brachen die schwersten Verfolgungen über die Waldesier unter Karl Emanuel II. (seit 1648) herein. Um die Mitte des 17. Jahrhundertes zählten die Waldesier Piemonts 35 ihnen gehörige Ortschaften: 11 im Thale Lucern, 6 in Perugia, 15 im Thale St. Martin, 3 zwischen den Thälern Lucern und Perugia. Die Feier des Jubeljahres zu Rom im Jahre 1650 war mit der Einsetzung eines Rathes zur Verbreitung des Glaubens und der Ausrottung der Ketzer begleitet. Da in Irland um diese Zeit die Katholiken verfolgt wurden, und viele derjenigen, die ihr Vaterland verlassen hatten, in Italien Kriegsdienste nahmen, so rieth der römische Hof dem Herzog von Piemont, die Waldesier aus ihren Wohnsitzen zu vertreiben und sie den Irländern einzuräumen. So sollte eine Unduldsamkeit die andere nach sich ziehen. Im Jahre 1655 kam den Waldesiern von Turin aus der Befehl zu, binnen drei Tagen auszuwandern. Die in die Waldesierthäler eingerückten Soldaten verübten an den Bewohnern schreckliche Grausamkeiten. „Männer, Weiber und Kinder wurden unter den gräßlichsten Martern gemordet, von den Felsen gestürzt, auf Pfählen gespießt." 4000 Menschen sollen so umgekommen sein. Viele Waldesier flüchteten in die Dauphiné; andere wanderten durch die Schweiz nach Holland; 167 Waldesier schifften sich im Jahre 1656 von Amsterdam nach Neu-Amsterdam in Amerika ein, von wo aus sie in die

Niederlassung Delaware zogen. Die Kunde von den traurigen Vorgängen in Piemont brachte in der protestantischen Welt große Aufregung hervor. In England veranstaltete man Geldsammlungen für die Bedrängten; bald waren 40.000 Pfund Sterling aufgebracht. Außerdem leitete Cromwell zu Gunsten der Waldesier Unterhandlungen ein. Morland wurde ihretwegen an den Turiner Hof gesandt; Pell wirkte bei den schweizerischen Bundeskreisen als englischer Gesandter zu Gunsten der Waldesier; und Milton, der seiner Entrüstung über die Niedermetzelung der Waldesier in einem geharnischten Sonnette Ausdruck gab, verfaßte Schreiben an den Herzog von Savoyen, die Herrscher von Schweden, Dänemark und Frankreich. Auch der große Kurfürst von Brandenburg ließ es an eindringlichen Vorstellungen nicht fehlen. In Folge des Druckes, den Cromwell auf den Turiner Hof ausübte, kam — leider aber noch vor Ankunft der englischen Bevollmächtigten — ein Vertrag zu Pignerol zu Stande. Da dieses Uebereinkommen recht zweideutig gehalten war, so ermöglichte es später wieder allerlei Bedrückungen. Ja im Jahre 1663 wird sogar von einer ganz regelrechten Verfolgung Meldung gethan. Die Aufhebung des Edicts von Nantes sollte den Waldesiern in Piemont ebenfalls verhängnisvoll werden. Viele Réfugiés aus der Dauphiné flüchteten sich in die Thäler der Waldesier. Der Herzog Victor Amadeus II. erließ nun am 31. Jänner 1686 Ludwig XIV. zu Gefallen ein Edict ähnlich dem Widerrufe des Edicts von Nantes, wodurch alle Bestimmungen des Vertrages von Pignerol aufgehoben wurden. In Folge dessen kam es zu ähnlichen Vorgängen wie in Frankreich. Der Widerstand der Waldesier wurde durch furchtbare Grausamkeiten der herzoglichen Truppen geahndet. Mehr als 5000 Waldesier verloren das Leben, mehr als 10.000 wurden der Freiheit beraubt und ungefähr 2000 Kinder ihren Eltern entrissen und in alle Gegenden zerstreut; 500 der gefangenen Waldesier schickte man auf die französischen Galeeren. Die Verwendung fremder Fürsten, namentlich des Kurfürsten Friedrich Wilhelm von Brandenburg, nützte nichts. Nach Dieterici, dem ich in diesen Ausführungen hauptsächlich folge, gelang es 2656 Waldesiern, in die Schweiz zu entkommen. Nach Mörikofer aber waren es 3324. Weiß schätzt ihre Zahl sogar auf 5000. Ein kleiner Theil davon blieb in Neufchatel,

Schaffhausen u. s. w. Einige ließen sich in Graubünden nieder. Die Zahl der nach Brandenburg gezogenen Waldesier betrug 840. Sie vertheilten sich hier in die Orte Stendal, Burg, Magdeburg, Spandau, Templin und Angermünde. Im Jahre 1690 kehrten aber fast alle in die Heimat zurück. Auch in Württemberg und der Pfalz — in den Aemtern Mosbach und Bretten, wo sie den Weinbau pflegten — siedelten sich Waldesier an. Sie wurden aber von da durch die Franzosen vertrieben und begaben sich in die Umgebung von Midda (Oberhessen), wo sie sich in 30—35 Dörfern ansässig machten. 1600—1700 Waldesier und Hugenotten kehrten in Folge des pfälzischen Erbschaftskrieges im Jahre 1688 aus der Pfalz und dem Württembergischen in die Schweiz zurück. Viele reformierte Pfälzer und Waldesier ließen sich aus denselben Gründen in Anspach-Baireuth: in Schwabach, Erlangen und Münich-Aurach nieder; hier hatten sich schon früher waldesische Siedelungen gebildet. Neunhundert tapfere, nach der Schweiz zurückgekehrte Waldesier erzwangen sich im Jahre 1689 mit gewaffneter Hand den Weg in die Heimat. Sie setzten sich im oberen Theile des Thales St. Martin fest, nachdem sie mehrere Tausend Mann Piemontesen und Franzosen besiegt hatten. In dem Kriege gegen Frankreich — Savoyen war nämlich im Jahre 1689 der großen Wiener Allianz gegen Ludwig XIV. beigetreten — zeichneten sich die Waldesier derart aus, dass Victor Amadeus II. ihnen durch ein Edict vom 23. Mai 1694 volle Glaubens- und Gewissensfreiheit zugestand. Daraufhin traten gegen 500 waldesische Familien, die zum Katholicismus gezwungen worden waren, zu ihrem früheren Bekenntnisse zurück. Die meisten Waldesier kehrten, sofern es nicht schon früher geschehen war, ebenfalls in die Heimat zurück. Diese Herrlichkeit sollte freilich nicht lange dauern. Durch den Sonderfrieden zu Turin (1696) war der Herzog wieder in ein freundliches Verhältnis zu Ludwig XIV. getreten. Deshalb begann abermals die Verfolgung jener Réfugiés, die sich während des Krieges in die Waldesierthäler geflüchtet hatten. Mit diesen Réfugiés wanderten in den Jahren 1698/99 an 2500 bis 3000 Waldesier nach der Schweiz. Ein Theil zog nach Württemberg. Georgii Georgenau's Biographisch-genealogische Blätter aus und über Schwaben enthalten ein Verzeichnis der gegen Ende des 17. Jahrhundertes in Württemberg eingewanderten Waldesierfamilien: und zwar in Dürmenz oder Queyras mit Corres, Schöneberg (ursprünglich Müriers) und Sengach, Groß- und Kleinvillars bei Knittlingen, Neuhengstett oder Bourset, Nordhausen (ursprünglich Mentoule), Pinache mit Serres bei Wiernsheim, Perouse zwischen Heimsheim und Leonberg, Wurmberg-Lucerne und Neubärenthal (ursprünglich La Balme??). Im Ganzen weist das Verzeichnis 575 Familiennamen auf. Wie viele Familien und wie viele Leute das ergibt, ist aus dem Verzeichnisse nicht zu ersehen. Weiß sagt, es seien 3000 gewesen. Diese Waldesier zeichneten sich durch erfolgreich betriebenen Ackerbau aus. Sie haben einen der unfruchtbarsten Landestheile auf dem Ostabhange des Schwarzwaldes mit Glück bebaut. In Hessen-Darmstadt bildeten sich, wie es scheint nur vorübergehend, Waldesiergemeinden, meist aus armen Webern und Strumpfwirkern bestehend, in: Rohrbach, Walldorf, Wembach, Halm, Nauheim, Dubhausen und Waldensberg. Nach Hessen-Kassel kamen in den Jahren 1698 und 1701 etwa 1000 Waldesier, welche zehn ländliche Siedelungen gründeten. Ein Theil der nach Hessen-Homburg gezogenen schloß sich der hugenottischen Kirche von Homburg an; daneben entstand noch die ländliche Gemeinde Dornholzhausen. Waldesier ließen sich schließlich auch um Frankfurt am Main und in den Gebieten des Markgrafen von Durlach nieder. „Im Frieden von Utrecht (1713) wurde Pragelas von Frankreich gegen Barcelonette an Savoyen abgetreten und vermöge des nachdrücklichen Einflusses von England und Holland erklärte der Herzog, daß er sich gedrungen fühle, den waldesischen Pragelanern seine Gnade nicht länger zu entziehen. Als aber der Herzog im Jahre 1720 mit der Erwerbung von Sardinien König wurde, traf die Verfolgung auf Frankreichs Aufforderung die Pragelaner von neuem." (Mörikofer.) Durch die Verfolgungen des Jahres 1730 und 1731 veranlaßt, flohen an Tausend Waldesier des Thales Pragelas nach Bern und Genf. Die meisten zogen in den Jahren 1733 und 1734 nach Holland und Brandenburg weiter. Noch im Jahre 1792 versuchten fanatische Katholiken die Waldesierfamilien in la Terre (?) auszurotten. Der Versuch mißlang zwar, aber die Thäter wurden nicht bestraft. Von 1799—1814 waren die piemontesischen Waldesier unter französischer Herrschaft. Als sie unter ihr angestammtes Herrscherhaus zurückkehrten, wurden sie neuerdings bedrückt. Erst das Jahr 1830 brachte ihnen Gewissensfreiheit. Seit dem Jahre 1848 können sie auch ihren Gottesdienst gänzlich ungehindert ausüben.

Frankreich.

Unter den Romanen haben sich nur die Franzosen in größerer Zahl den Lehren der Glaubensneuerung zugänglich erwiesen. Trotz der heftigen und blutigen Verfolgungen seitens Franz I. und Heinrichs II. gewann Calvins Lehre in Frankreich um die Mitte des 16. Jahrhundertes so festen Boden, daß man schon um das Jahr 1558 etwa eine halbe Million französische Reformierte zählte, für die ungefähr um 1560 der Name Hugenotten aufkam.. Nur der Adel und der Mittelstand hatten sich zum Theil gewinnen lassen; die breite Masse des Volkes verhielt sich ablehnend. In diesem Verhältnisse, sagt Buckle, prägt sich zugleich die Stärke und die Schwäche des französischen Protestantismus aus. Die grausamen Verfolgungen, denen die Hugenotten beständig ausgesetzt waren, bewirkten ihren Zusammenschluß zu einer politischen Zunft, die in jahrzehntelangen Kämpfen mit den katholischen Gewalthabern um die Herrschaft rang. Hugenotten und Katholiken schwebte dabei nur ein Ziel vor Augen: gänzliche Vernichtung des Gegners. Eine Reihe von Friedensschlüssen, in denen den Hugenotten immer wieder Religionsfreiheit verbürgt wurde, schien nur dazu zu dienen, bei der nächstbesten Gelegenheit wieder gebrochen zu werden. Erst Heinrichs IV. Edict von Nantes (1598) brachte den Hugenotten auf längere Zeit eine wenn auch beschränkte Freiheit des Bekenntnisses.

Das Edict von Nantes hat verschiedene zumeist günstige Beurtheilungen erfahren. Jedenfalls bedeutete es in einer Zeit der ärgsten religiösen Unduldsamkeit einen Schritt nach vorwärts. Daß die Duldsamkeit Heinrichs IV. übrigens keine ächte, keine umfassende war, bewies sein Verhalten den Moriscos gegenüber. Er wollte ihnen die Niederlassung in Südfrankreich nur unter der Bedingung gestatten, daß sie zum katholischen Glauben überträten. Tollin hat in seinem dreibändigen Werke über die Geschichte der französischen Colonie in Magdeburg — ein Werk, das viel mehr gibt als der

Titel verspricht und dem ich vieles entnommen habe — das Edict von Nantes einer sehr abfälligen Beurtheilung unterzogen. Er nennt es eines der unehrlichsten Edicte, die je gegeben wurden, "weil es nebeneinander zwei so unvereinbare Grundsätze, wie volle Gewissensfreiheit den Reformierten und volle Wiederherstellung der katholischen Kirche verkündigte". Das ist wohl richtig. Aber Zweideutigkeit haftet fast allen Erlässen ähnlichen Inhaltes aus dieser Zeit an. Man braucht nur auf die Capitulationsresolution des Mathias und den Majestätsbrief Rudolfs II. von Oesterreich zu verweisen. Jedenfalls bleibt das Verdienst Heinrichs bestehen, durch das Edict von Nantes das Zeitalter der Glaubenskriege in Frankreich, wenigstens der Hauptsache nach, abgeschlossen zu haben. Was wäre wohl geschehen, wenn es Heinrich durch seine "zähe Energie und Klugheit" nicht dahin gebracht hätte, Katholiken und Reformierten das Edict von Nantes aufzuzwingen? Gewiß nur Fortdauer des Kampfes, entweder bis zum vollständigen Siege oder bis zur völligen Niederlage einer der großen religiösen Parteien. Bei der Beurtheilung des Edictes von Nantes darf man vor allem nicht vergessen, dafs ja der Grundsatz der Duldung im Volke selbst fast nirgends eine Heimstätte gefunden hatte, sondern nur in den Herzen weniger Gelehrten und Fürsten als ein schwaches Flämmchen brannte. "Verstand ist stets bei Wen'gen nur gewesen."

Die Glaubenskriege waren mit fürchterlicher Erbitterung geführt worden. 300.000 Häuser sanken in Asche. Die Zahl der Menschenopfer erreichte eine entsetzliche Höhe. Im Jahre 1568 wurden wieder etwa 3000 getödtet. Die Greuel der Bartholomäusnacht setzten allem die Krone auf. 3000 Protestanten fanden in Paris ihren Tod; ihnen folgten 30.000 andere, die binnen zwei Monaten auf dem Lande unter den Streichen ihrer christlichen Mitbürger katholischen Glaubens ihr Leben einbüßten. Es ist begreiflich, daß diese Wirrsale viele fluchtartige Auswanderungen der Hugenotten aus Frankreich zur Folge hatten. Es war ein beständiges Hin- und Herwogen, je nach dem schwankenden Kriegsglücke, wie es durch die einzelnen Friedensschlüsse gekennzeichnet wurde. Eine große allgemeine Flucht folgte im Jahre 1572 der Bartholomäusnacht und dauerte bis zur Thronbesteigung Heinrichs IV. (1589). Dann trat eine Rückstauung ein.

Die französischen Flüchtlinge wandten sich nach allen Richtungen. In London bestand die französische Niederlassung im Jahre 1568 aus 422 Personen. Im Jahre 1571 werden unter 4394 Fremden 3643 als Niederländer, 657 als Franzosen, 233 als Italiener und 55 als Spanier und Portugiesen bezeichnet. Viele kamen nachträglich von den Kanal-Inseln: Jersey und Guernsey hinüber, wo sie wegen der Nähe der französischen Küste vorläufig Zuflucht gefunden hatten. In Rye, an der Küste von Sussex, trafen in der Zeit von 1562 bis 1572 etwa 1500 Hugenotten aller Berufsstände ein. Um das Jahr 1579 zählte man im Ganzen 3000—4000 Hugenotten in England. „Es kamen Kammtuchmacher aus Cambray, Glasmacher aus Paris, Stoffweber aus Meaux, Kaufleute und Handwerker aus Rouen, Schiffszimmerleute und Matrosen aus Dieppe und Havre." Geschickte französische Metallarbeiter ließen sich in der Hauptstadt nieder, ebenso Verfertiger mathematischer Instrumente und Juweliere. Zu Mortlake begannen die französischen Flüchtlinge die Fertigung von Teppichen und zu Fulham die der Tapeten. Französische Spitzenmacher aus Alençon vereinigten sich mit wallonischen aus Valenciennes[1]) und siedelten sich in Cranfield (Bedfordshire), in Buckingham, Stoney-Stratford und Newport-Pagnel an. Von hier aus verbreitete sich dieser Erwerbszweig allmählich über die Grafschaften Oxford, Northampton und Cambridge. Auch in Southhampton, Winchelsea, Canterbury, Sandwich und Norwich gab es französische Niederlassungen. — In Deutschland waren französische „Flüchtlingskirchen" in Metz und in Straßburg. In letzterem Orte fand Calvin schon im Jahre 1558 nicht weniger als 1500 französische Flüchtlinge vor. Im Jahre 1577 lehnten sich die Lutherischen gegen die Calvinisten auf. Die meisten derselben verließen demgemäß die Stadt. Französische Gemeinden bildeten sich auch in Wesel (1544), in Emden, Frankfurt a. M. (1554). Die Mehrzahl der Frankfurter Gemeinde wandte sich im Jahre 1561 nach der Pfalz, da man sie in der lutherischen Reichsstadt sehr unzart behandelte. Im Jahre 1596 wurde den noch in Frankfurt verbliebenen Reformierten auch der Hausgottesdienst untersagt. Sie übersiedelten daher nach Bockenheim, späterhin nach Offen-

---

[1]) Siehe Seite 12.

bach. In Aachen, Köln, Wetzlar bestanden französische Flüchtlingskirchen seit 1562; in Nürnberg, Bremen, Hamburg, Cleve, Duisburg seit 1578; in Hanau und Anmweyler seit 1595. Die Mehrzahl dieser Flüchtlinge werden freilich Wallonen gewesen sein.[1]
Auch in den meisten größeren polnischen Städten fanden sich hugenottische Flüchtlinge ein. In diesem Reiche war schon im Jahre 1552 durch Aufhebung der kirchlichen Richtergewalt die Glaubensfreiheit begründet worden. Der Reichstagsbeschluß vom Jahre 1573 sicherte sogar allen christlichen Glaubensbekenntnissen vollkommene Rechtsgleichheit zu.

Erich XIV. von Schweden (1560—68), der leider in der zweiten Hälfte seiner Regierung in Wahnsinn verfiel und ein trauriges Ende fand, bot im Jahre 1561 den im französischen Bürgerkriege besiegten Reformierten eine Zuflucht in seinem Reiche an und schützte die kleine Gemeinde, die sich in Stockholm bildete, gegen die Unduldsamkeit der lutherischen Landesbischöfe. Diese erklärten nämlich die neuen Sakramentierer für teuflische Ketzer, die nicht einmal der christlichen Beerdigung wert seien. Ueber die weiteren Schicksale dieser ersten hugenottischen Gemeinde in Schweden verlautet, wenigstens so weit mir bekannt, nichts näheres.

Die Hauptmasse der Flüchtigen sammelte sich in Genf und der Schweiz. Mörikofer hat von diesen Wanderungen der französischen Reformierten nach der Schweiz ein anschauliches Bild entworfen. Schon um das Jahr 1524, ja noch früher, lebten hier und da in der Schweiz französische Flüchtlinge. Als im Jahre 1555 die Pariser Scheiterhaufen mächtig emporloderten, flüchteten sich viele französische Reformierte nach Genf, Neuenburg, Zürich, Bern, Basel und Schaffhausen. Seit dem Jahre 1542 nahmen die Verfolgungen neuerdings überhand. Zu derselben Zeit aber gestattete der allerchristlichste König dem Seeräuber Chaireddin Barbarossa, seine christlichen Kriegsgefangenen in Marseille öffentlich zu verkaufen.

„In dem nördlichen Theile der Provence, an den Ufern der Durance, führten in 20 Dörfern und in den Flecken Mérindol und Cabrières Waldeser ein geruhiges Dasein. Sie wurden im Jahre 1545 von königlichen Soldaten überfallen, die Ort-

---
[1] Siehe Seite 14 unter den Niederlanden.

schaften zerstört, 3000 Menschen niedergemetzelt und 666 junge
Männer zu den Galeeren verurtheilt." Denjenigen, welche
sich aus diesem Blutbade retteten, bot Genf eine Zuflucht.
700 Waldeser ließen sich in dessen Gebiete, in den Gemeinden
Pency und Jussy nieder. Von nun an wurde diese Stadt
von Scharen evangelischer Flüchtlinge förmlich überflutet.
Bald überstieg die Zahl der neuen die der alten Bürger. In
folge der Pariser Bluthochzeit kamen 2360 französische Familien nach Genf, von denen sich 1658 ansässig machten. In
Lausanne zählte man im Jahre 1569 schon 1500 eingewan-
derte Franzosen. Auch nach Bern und dem Waadtlande
wandte sich eine größere Schar. Die meisten dieser Flüchtlinge
kehrten freilich später wieder nach Frankreich zurück. Ihr
Aufenthalt hinterließ gleichwohl dauernde Spuren. Genf vor
allen wurde durch diese Zuwanderung von Grund aus um-
gestaltet. Das geistige und gewerbliche Leben kam nunmehr
recht in Blüte, vornehmlich der Bücherdruck nahm einen gewaltigen Aufschwung. „Die Zahl der Druckereien stieg auf
38 und wuchs einige Zeit hindurch bis auf 60 an, die 2000
Arbeiter beschäftigten. Der vertraute Umgang mit den Classi-
kern, der lebendige Verkehr mit auswärtigen Gelehrten und
die Anwesenheit von Correctoren aus verschiedenen Ländern
machten das Latein zur Umgangssprache der Familie, so dass
nicht nur Frau und Kinder, sondern selbst das Gesinde latei-
nisch redeten." Die Verfertigung der Taschenuhren begann in
Genf im Jahre 1587 der Burgunder Charles Cusin, dem
bald eine Schar Gewerbsgenossen folgte. Im Jahre 1579
wanderten wieder Tausende aus Frankreich fort. In Basel
hatte 1591 die vereinigte französisch-italienische Kirche 300
Mitglieder.

Während die Hugenotten Süd- und Mittelfrankreichs nach
Osten flohen, suchten die Bewohner der Bretagne, der Normandie und Picardie in England und den Niederlanden eine
Zuflucht. In Leyden und Antwerpen gab es französische Gemeinden. Mit der Einnahme Antwerpens durch die Spanier
erreichte natürlich auch die französische Gemeinde ihr Ende.

Selbst über das weite Meer schweiften die Blicke der
Bedrängten. Hier schien eine große neue Welt den Verfolgten
Raum genug zu freier Entfaltung ihrer Kräfte zu bieten.
„Admiral Coligny machte zuerst darauf aufmerksam, wie

wünschenswert es sei, jenseits des Oceans Freistätten für
den verbotenen Glauben zu errichten, die zugleich dem
Mutterlande Vortheil brächten". (Hoppe.) Ein französischer
Besiedelungsversuch in Südamerika mißglückte. Die unter
Führung Durand de Villegagnons in den Jahren 1555 und
1556 gegründete Siedelung Coligny in der Bucht von Rio
de Janeiro gieng in Folge verschiedener mißlicher Umstände
wieder ein. Von den Ansiedlern — es waren etwas mehr als
hundert — kehrte ein Theil nach Frankreich und in die
Schweiz zurück. Das Fort Coligny wurde im Jahre 1560 von
den Portugiesen eingenommen, wobei die Mehrzahl der Be-
satzung umkam. Auch ein Versuch auf Florida schlug fehl.
Die im Jahre 1562 gegründete Niederlassung Charlesfort
hielt sich nicht lange. Schon im Jahre 1563 kehrten die Ansiedler in einem kleinen Boote halb verhungert nach Europa
zurück. Im Jahre 1564 gieng von Havre eine zweite Schar
ab, die das Fort La Caroline erbaute. Im Jahre 1565
brachten sieben Schiffe nahezu 1000 Auswanderer nach Florida.
Spanien aber, dem Florida zugehörte, duldete diese Niederlassung nicht. Der spanische Feldherr Pedro Menendez de Abila
überfiel die Siedelung mit Uebermacht und ließ die Ketzer
schonungslos niedermetzeln. Viele wurden an den Bäumen
aufgeknüpft mit der Ueberschrift: „Gehängt als Ketzer, nicht
als Franzosen." Im Jahre 1567 rächte diese Unthat durch
eine andere der Franzose Dominique de Gourgues, der zu
diesem Zwecke drei Schiffe ausrüstete und mit Hilfe der In-
dianer die Spanier überfiel. Die Gefangenen ließ er auf-
knüpfen mit der Aufschrift: „Gehängt als Mörder und nicht
als Spanier." Unter derlei traurigen Scherzen hielt die Cultur
in Nordamerika ihren Einzug. — Die Siedelung Port Royal
in Acadia wurde im Jahre 1604 auf Grundlage der Glaubensfreiheit begründet. Katholiken und Calvinisten lebten da
nebeneinander. Im Jahre 1608 entstand die Niederlassung
Quebec in Canada. Bis zum Jahre 1633 waren die Verhältnisse ähnlich wie in Acadia. Mit diesem Jahre aber wurde
dieser Ort den Hugenotten verschlossen. Es war dies ein Sieg
der Jesuiten, die sich im Jahre 1626 in Canada niedergelassen
hatten. Uebrigens war die Bevölkerung Canadas eine sehr
geringe. Vor der Thronbesteigung Ludwigs XIV. erreichte
die ganze Seelenzahl: Priester, Nonnen, Händler und Ansiedler

noch nicht 3000. Erst im Jahre 1665 wurde die Colonie durch zweitausend Leute, die auf königlichen Befehl in Canada landeten, vermehrt. Aber noch im Jahre 1689 zählte französisch-Amerika nach amtlichen Berichten erst 11.249, um die Mitte des 18. Jahrhundertes 52.000 Einwohner. Acadia konnte nicht gegen die Ketzerei abgeschlossen werden. Neben Port-Royal entstand noch die Siedelung La Hève. In den Jahren 1633, 1638 und 1671 kamen gegen 80 Familien aus La Rochelle zu den hier Ansässigen.

Das Edict von Nantes schien den Hugenotten eine gewisse Bekenntnisfreiheit für immer zu verbürgen. Das Vorgehen Ludwigs XIV. aber sollte beweisen, daß Urkunden allein die Duldung nicht zu sichern vermögen, wenn sich der Duldungsgedanke nicht vorher schon in den breiten Volksschichten eingelebt hat. Es fehlte natürlich auch vor der Zeit des Sonnenkönigs nicht an allerlei Versuchen, das der päpstlichen Partei so verhaßte Edict von Nantes aus der Welt zu schaffen. Schon unter Heinrich IV. machten die Bestrebungen zur Festigung der katholischen Kirche in Frankreich solche Fortschritte, daß von der im Jahre 1597 bestehenden Zahl von 2000 reformierten Kirchen im Jahre 1611 nur noch 500 dem evangelischen Bekenntnisse angehörten. Unter der Minderjährigkeit Ludwigs XIII. wurde das Edict von Nantes für einige Zeit aufgehoben. Obwohl dem Könige selbst eine duldsame Gesinnung nachgerühmt wird — soll er ja doch jedwede Gewaltthätigkeit in Sachen des Glaubens verurtheilt haben, weil die Vergangenheit gelehrt habe, daß durch ein solches Vorgehen nur die Reihen der von der Kirche Abgefallenen verstärkt werden — so wurden doch unter diesem schwachen Fürsten eine Reihe von Erlässen herausgegeben, welche die Einschränkung der den Hugenotten gewährleisteten Rechte bezweckten. Besonders die Restaurationsversuche in Béarn und Ger zeigen die Absicht, von den Errungenschaften des Edictes möglichst viel abzubröckeln. Der Hof ergriff natürlich gierig die Gelegenheit, die Hugenotten wenigstens als politische Partei zu vernichten. Das war der Staatsgewalt auch nicht zu verargen. Die Verbindung der Hugenotten mit den auswärtigen Feinden Frankreichs, namentlich mit England, beschleunigte dies Schicksal. Durch den Vertrag von Alais (1629) verschwinden die Hugenotten als Staat im Staate. Ihre religiöse Freiheit, die Ausübung ihres Gottesdienstes, wurde aber nicht angetastet. Richelieu ließ sich auch in Bezug auf religiöse Fragen von großen Gesichtspunkten leiten — so weit wenigstens das eigentliche europäische Frankreich in Betracht kam. Auch Mazarin hielt an dem mit den Hugenotten abgeschlossenen Uebereinkommen fest. Das Edict von Nantes wurde zu wiederholtenmalen feierlich bestätigt. So in den Jahren 1643 und 1652. Erst mit der Selbstregierung Ludwigs XIV. (seit 1661) beginnen die Verfolgungen auf's neue. Ansätze dazu waren früher vorhanden. Schon im Jahre 1654 hatte der König im Elsaß den Grundsatz verkündigt, nur die katholische Religion dulden zu wollen. Nebst einer Reihe von Verordnungen, die Stück für Stück die Rechte und Freiheiten beseitigten, die das Edict von Nantes den Hugenotten zugestanden hatte, liefen, zumal seit 1675, alle jene Gewaltmaßregeln einher, wie sie zu allen Zeiten bei Zwangsbekehrungen angewendet zu werden pflegten. Neu war höchstens, daß man in ganz Frankreich sogenannte Bekehrungsbureaux einrichtete, wo den Abgefallenen auf königliche Kosten Preise ausgesetzt wurden. Eine gewöhnliche (bürgerliche) Seele wurde mit 3—3½ Livres, eine adelige mit 100—300 Livres bewertet. Das Jahr 1685 brachte schließlich die Aufhebung des Edicts von Nantes. Dies geschah durch das Edict von Fontainebleau (22. October 1685). Fast zur selben Zeit, da der Sonnenkönig sein praktisches Christenthum in so merkwürdigem Glanze strahlen ließ, gab er aus politischen Gründen den Mohammedanern in Marseille den Gottesdienst frei.

Es ist kein Zweifel, daß Ludwig XIV. mit der Aufhebung des Edictes von Nantes eine That vollbrachte, die nicht nur von seinen katholischen Unterthanen, sondern überhaupt von der ganzen katholischen Welt mit hellem Jubel aufgenommen wurde. Die Bischöfe Bossuet, Massillon und Fléchier waren in dem Lobe des großen Königs ein Herz und eine Seele. Bossuet pries die Aufhebung des Edictes von Nantes geradezu als „das edelste Werk wahren Christenthums". Madame de Sévigné schrieb, daß kein König jemals eine edlere That vollführt hätte, noch je vollführen könnte. La Fontaine meinte: „Die Wahrheit herrscht nunmehr in Frankreich, und Frankreich herrscht in dem Universum." Der Abbé Tallemand feierte das große Ereignis in schwungvoller Rede in der französischen Akademie; der Pinsel eines Le Sueur verherrlichte es in den Wandgemälden zu Versailles. Denkmünzen wurden geprägt und eine Bronce-Statue vor dem Rathhause errichtet zum ewigen Gedächtnisse des Sieges der katholischen Kirche. Das höchste an Verzückung leistete aber der Kanzler Le Tellier, indem er der verhängnisvollen Urkunde das große Siegel mit den Worten Simeons aufdrückte: „Herr! nun lässest du deinen Diener in Frieden fahren!"

Als mit dem Zwange in Frankreich die Auswanderung ihren Anfang nahm, wurde den französischen Unterthanen im Jahre 1666 das Verlassen des Reiches ohne königliche Erlaubnis unter Androhung der Gefangenschaft und Verlust des Vermögens verboten. Doch das half nicht sehr viel. Bereits vor dem Jahre 1685 hatten sich viele Hugenotten in England, Holland, in der Schweiz und Brandenburg niedergelassen. Die Zurücknahme des Edictes von Nantes veranlaßte eine großartige Flucht der Hugenotten aus ihrer Heimat. Das Edict von Fontainebleau bestimmte hinsichtlich der Ausgewanderten, dass, wenn sie binnen vier Monaten nach Frankreich zurückkehrten und sich dem Edicte unterwürfen, sie ihren vollen Besitz zurückerhalten sollten. Die Frist wurde aber noch weiter, nämlich bis zum März 1687 erstreckt. Im Jahre 1688 zog man schließlich die Güter der Ausgewanderten ein und verwandte den Erlös zum Besten katholischer Schulen, Krankenhäuser u. s. w.

Alle manchmal sehr grausamen Vorkehrungen, die Ludwig traf, um diesen fluchtartigen Auswanderungen zu steuern, erwiesen sich als unzulänglich.

Die Angaben über die Gesammtzahl der in der Zeit von 1675—1700 aus Frankreich geflohenen Hugenotten schwankten zwischen 250.000 und 600.000 Menschen. Es sind meist nur ganz ungefähre Schätzungen, ohne dass man recht einsieht, worauf sie beruhen. Voltaire nimmt 600.000 an. Von den Neueren hält Collin mit 500—600.000 diese Zahl aufrecht. Schickler meint, es wären wenigstens 400.000, vielleicht 600.000 gewesen. Friedrich der Große schätzt die Zahl der Weggezogenen auf 400.000. Sismondi schlägt sie auf 300.000 bis 400.000. Nach ihm soll auch noch eine gleiche Zahl in den Gefängnissen, auf dem Schaffotte, dem Galgen und auf der Flucht zu Grunde gegangen sein. Floquet berechnet die nur aus der Normandie und Bretagne Weggezogenen auf 184.000. In der Normandie allein standen 26.000 Wohnungen leer. Aus der Saintonge sollen 100.000, aus der Dauphiné 15.000 geflohen sein. Schott hält sich zum Theil an Sismondi, wenn er die Zahl der Geflohenen auf 300.000—350.000 angibt; 40.000 schmachteten in Gefängnissen, Klöstern und Galeeren. Weiß berechnet die Gesammtzahl auf 250.000 bis 300.000. Nach den im Folgenden bei den einzelnen Ländern gebotenen Angaben schwankt die Zahl der Flüchtigen etwa zwischen 200.000 und 360.000. Diese Angabe kommt, wenn man das Mittel daraus zieht, der bei Weiß[1]) gebotenen ziemlich nahe. Darnach wird man wohl annehmen dürfen, daß Weiß im Großen und Ganzen das Richtige getroffen hat, während die übrigen Angaben meist zu weit über das Ziel hinausschießen.

Schon wenige Jahre nach der Rücknahme des Edictes von Nantes hatte Frankreich nach Vauban 100.000 Bewohner, außerdem 9000 Matrosen, 12.000 erprobte Soldaten, 1000 Officiere, 60 Millionen an Geld und die blühendsten Gewerbe verloren. Der französische Gesandte im Haag Graf d'Avaur meinte, bald nach dem Widerrufe des Edictes von Nantes, Frankreich hätte 30 Millionen Livres an das Ausland verloren. Die Verringerung des Einkommens, welche Frankreich zwischen 1685 und 1735 durch die Kriege und die Hugenottenverfolgung erlitt, betrug nach Macpherson 75 Millionen Pfund Sterling.

Da sich die Hugenotten hauptsächlich durch großen Gewerbfleiß ausgezeichnet hatten, so wurden durch den massenhaften Wegzug derselben viele Erwerbszweige empfindlich geschädigt, ja an manchen Orten für einige Zeit gänzlich vernichtet. Erst in der Mitte des 18. Jahrhundertes erholte sich die französische Industrie von dem erlittenen Schlage, um nun einen neuen Siegeszug durch die Welt zu halten.

Unter den geflohenen Gewerbetreibenden und Arbeitern waren vor allen zahlreiche Papiermacher aus der Auvergne und dem Angoumois; Gerber aus der Touraine; Seidenfabrikanten aus dem Languedoc, der Touraine, namentlich aber aus Lyon; Uhrmacher aus dem Languedoc und aus Abbeville (dies waren Holländer, die Colbert in's Land ge-

---
[1]) Weiß ist auch Hauptquelle für das Folgende.

rufen hatte); Goldschmiede aus Lyon und Grenoble; Tuchmacher aus Amiens, Abbeville, Doullens, Mézières, Réthel, Reims, Caudebec u. s. w.; Leinenweber und Leinenbleicher aus der Normandie, Bretagne und Maine; Spitzenklöppler aus der Umgegend von Paris, Lille und Valenciennes; Strumpfwirker aus Uzès und Gévaudan; Eisenarbeiter aus Sédan und Vrigne; Landwirte, zumeist Weinbauer aus Saintonge und Poitou; Gärtner aus dem Messin (um Metz), aus Béarn u. s. w.

Viele hunderte Werkstätten mußten geschlossen werden, ganze Dörfer entvölkerten sich, viele große Städte verödeten zur Hälfte, große Landstriche lagen nun brach und waren lange Zeit ohne Bebauer. Zu Tours, wo 40.000 Menschen mit der Seidenverarbeitung beschäftigt gewesen waren, fiel die Zahl auf etwa 4000. Die Bevölkerung von Nantes sank von 80.000 auf die Hälfte. Sein Wohlstand erlitt einen tödtlichen Schlag. Die Seidenindustrie in Lyon, die insbesondere durch politische und Glaubensflüchtlinge aus Italien und Spanien mächtig gefördert worden war, verlor 9000 Arbeiter, die sich in die Schweiz und anderwärtshin verloren. Der Gewerbfleiß dieses Ortes ward für einige Zeit zugrunde gerichtet. Rouen verlor 10.000 Arbeiter. Caen und Coutances verödeten. Aus Paris flohen 1302, aus Meaux 1000, aus Amiens 1600 Familien. La Rochelle verlor ein Drittel seiner Einwohner. Aus Grenoble zogen 2025 Protestanten, aus Gap 5700 weg. Sehr stark war außer den schon oben genannten Orten die Flucht auch aus: Elboeuf, Alençon, Havre, Rennes, Morlaix, Le Mans, Laval, Sezanne, Gex, St. Lô u. s. w.

Die nach England geflüchteten Hugenotten stammten aus allen Landschaften Frankreichs, namentlich aber aus der Normandie, der Bretagne, der Picardie und Guienne. Die Zahl dieser Glaubensflüchtlinge wird verschieden angegeben. Hume schätzt sie auf 50.000; eine andere Annahme behauptet, es wären 70.000 gewesen; Weiss berechnet die zwischen 1680 und 1690 nach England Geflohenen auf 80.000 und Smiles ihre Gesammtzahl auf 100.000 bis 120.000. Wenigstens ein Drittel der Hugenotten soll sich in London niedergelassen haben. Schon im Jahre 1667 gab es hier 13.500 französische Glaubensflüchtlinge. Soho im Westen und Spitalfields im Osten waren beinahe französische Viertel. Am Anfange des

18. Jahrhundertes, als die Bevölkerung Londons wahrscheinlich 600.000 Menschen betrug, enthielt die Hauptstadt nicht weniger als 35 französische reformierte Kirchen. Fast überall dort, wo wallonische und vlämische Gemeinden bestanden, ließen sich auch Franzosen nieder.¹) Dazu kamen noch Plymouth, Stonehouse bei Plymouth, Barnstaple, Bideford, Dartmouth, Exeter (Devon); Chelsea, Greenwich, Hammersmith, nun Vorstädte und Vororte Londons; Hampton, ein Dorf bei London; Bath (Somerset); Ipswich (Suffolk); Bristol (Gloucester); Richmond (Surrey) an der Themse; Thorpe le Sohen (Essex); Thorney Abbey (?).

Auch in Schottland: in Edinburg und Glasgow bildeten sich französische Niederlassungen, die noch tief in das 18. Jahrhundert hinein den Gebrauch der französischen Sprache bewahrten. Nach Irland kamen ebenfalls mehrere Tausende Glaubensflüchtlinge, die sich in Dublin, Cork, Killkenny, Waterford, Carlow, Lisburn, Youghal, Dundalk und Portarlington niederließen. Diese hugenottischen Siedelungen wurden später durch französische Soldaten verstärkt, die nach der Schlacht an der Boyne (1690) sich in Irland ansässig machten.

In dem Heere Wilhelms von Oranien, womit er vom Throne Englands Besitz nahm, dienten 736 französische Officiere; drei Regimenter Fußvolk und ein Reitergeschwader bestanden ausschließlich aus Hugenotten. So lange die Kriege gegen Ludwig XIV. dauerten, kämpften die „Réfugiés" gegen ihn auf den Schlachtfeldern Italiens, Spaniens u. s. w. Dort, wo Franzosen, Katholiken und Hugenotten aneinander geriethen, gieng es am blutigsten her. Der Versuch Wilhelms III., den Flüchtigen das Heimatrecht im allgemeinen zu verschaffen, scheiterte an dem Widerstande des Parlamentes. Im Jahre 1709 genoss zwar die Mehrzahl der Réfugiés in England schon für sich die bürgerlichen Freiheiten, aber erst im Jahre 1774 erkannte das Parlament das Bürgerrecht allen Hugenotten zu, welche sieben Jahre nacheinander in England ansässig gewesen waren.

Der unmittelbare Gewinn Englands durch Zufluß an Geld kann auf mindestens 3 Millionen Pfund Sterling angesetzt werden. Für die Armen wurden 200.000 Pfund Sterling gesammelt und angelegt. Noch im Jahre 1718 belief sich die

---
¹) Siehe Seite 10—13.

Zahl der fremden Protestanten, die aus diesem Schatze unterstützt wurden, auf 5194 Leute.

Die Engländer verdanken der Einwanderung der Hugenotten die Einführung mehrerer neuen Erwerbszweige und die Vervollkommnung schon bestehender. Die Seiden-, Leinen- und Wollindustrie nahm durch sie einen gewaltigen Aufschwung. Ebenso die Herstellung des Papieres, der Glaswaren, der Hüte und Uhren, die verschiedensten Metallgewerbe, Verfertigung chirurgischer Instrumente u. s. w.

Vor der Zurücknahme des Edictes von Nantes bezog England einen Großtheil seines Bedarfes an Seidenwaren aus dem Auslande. Am Ende des Jahrhundertes deckten die französischen Seidenfabrikanten in England nicht nur den ganzen heimischen Bedarf, sondern versorgten auch jene Länder, welche früher ihren Bedarf Frankreich entnommen hatten. Der Wert der im Jahre 1713 erzeugten Seidenwaren betrug das Zwanzigfache dessen, was im Jahre 1664 erzielt worden war. Der Hauptsitz der Seidenverarbeitung wurde Spitalfields. Flüchtlinge aus Burgund und der Normandie verhalfen der Spitzenverfertigung zu neuem Aufschwunge. In Ipswich und den nördlichen Grafschaften Irlands in Down, Antrim und Ulster, kam hauptsächlich die Leinenindustrie in Blüte. Die Niederlassung „Bordyhause" bei Edinburg bestand meist aus Webern von Bordeaux. Edinburg wurde später wegen seiner Battiste berühmt. Vor der Einwanderung der Hugenotten hatte man Battist (Cambric) aus Frankreich bezogen. Die jährliche Einfuhr von schwarzem Glanztaffet wurde auf nicht weniger als £ 200.000 bewertet. Die Tafseterzeugung kam nachmals hauptsächlich in London in Flor. Auch die Segeltuch-Verfertigung brachte im Jahre 1681 ein Franzose, Monsieur Bonhomme, nach England. Die jährliche Einfuhr von Lockram (grobe Sackleinwand), dowlas (Lederleinwand) und Canvas (Segeltuch) aus Frankreich soll sich vor der Einwanderung der Hugenotten auf £ 462.000 (??) belaufen haben. Der Kattundruck wurde im Jahre 1690 von einem Franzosen eingeführt, der in Richmond eine solche Fabrik eröffnete. Die Verfertigung von Knöpfen aus Wolle, Seide und Metall verdankt man ebenfalls den Hugenotten. Manche technische Ausdrücke bei der Papier- und Glaserzeugung sind noch heute französisch und bekunden, wie viel diese Erwerbszweige den

Franzosen verdanken. In Glasgow und Bath errichteten die Hugenotten Papierfabriken. Die Kunst, große Spiegelscheiben (plate-glasses) zu gießen, verdankt man Abraham Thévenant. Auch die Erzeugung der Kryſtallgläſer wurde durch Franzoſen vervollkommnet. Bald waren die Réfugiés in der Lage, nicht nur den heimiſchen Markt zu verſorgen, ſondern auch viele Glaswaren nach dem Feſtlande auszuführen. Die Verfertigung feiner Hüte in Frankreich war faſt einzig und allein in den Händen der Reformierten geweſen. Nun blieb das Geheimnis der Erzeugung etwa 40 Jahre lang auf England beſchränkt. Der franzöſiſche Adel und alle ſeine Zier Liebenden trugen Hüte aus England. Selbſt die römiſchen Kardinäle ließen ihre Hüte aus der Hutfabrik in Wandsworth kommen. In Ipswich führten die Franzoſen die Verfertigung der Lautenſaiten (lutestrings) ein. Die Réfugiés in Cork waren Kaufleute, Brantweinbrenner, Zuckerreiniger (sugar refiners). Auch ſehr viele Barbiere und Perrückenmacher ſcheinen unter den eingewanderten Franzoſen geweſen zu ſein, wenigſtens klagte ein engliſcher Schriftſteller, daſs die Hälfte dieſer Haarkünſtler Fremdlinge wären. Der Gartenbau hob ſich, namentlich in Irland, durch Franzoſen merklich. Die erſte Blumenliebhaber-Geſellſchaft (florist society) wurde von Réfugiés gegründet. Der Einfluß der Hugenotten erſtreckte ſich ſogar auf die engliſche Küche. So ſollen ſie die Erfinder der ox-tail- (Ochſenſchwanz-) Suppe ſein.

Der durch die Neuſchaffung, beziehungsweiſe Neubelebung von Erwerbszweigen in England dem Reiche Ludwigs XIV. erwachſene Schaden belief ſich jährlich auf 1,880.000 Pfund Sterling. Vor der Einwanderung der Hugenotten war die franzöſiſche Induſtrie der engliſchen weit überlegen geweſen. Im Jahre 1663 wurden in England jährlich Güter im Werte von mehr als $2^1/_2$ Millionen Pfund Sterling aus Frankreich eingeführt, während die Ausfuhr dorthin eine Million nicht erreichte.

Auch das geiſtige Leben in England verdankte den Franzoſen vielfache Förderung. Die erſte wiſſenſchaftliche Zeitſchrift in Irland wurde von einem franzöſiſchen Paſtor herausgegeben. Portarlington war wegen ſeiner franzöſiſchen Schulen berühmt und geſucht. Unter der Regierung der Königin Anna begann ein franzöſiſcher Arzt namens Buſſière zum erſtenmale in

England öffentliche Vorträge über Anatomie zu halten. Denis Papin, der Erfinder mehrerer Maschinen, hielt sich längere Zeit nach Aufhebung des Edictes von Nantes in England auf. Garrick, Englands größter Schauspieler, stammte mütterlicherseits aus einer hugenottischen Familie.

Die Gesammtzahl derjenigen Hugenotten, die sich dauernd in der Schweiz niederließen, schätzt Weiß auf 20.000, Mörikofer in einer allerdings nicht ganz klaren Bemerkung auf 10.000. Die nun folgenden Angaben sind alle Mörikofer entnommen. Schon im Jahre 1685 kamen Tausende Flüchtlinge nach Genf und Bern. Den Reigen der großen Auswanderung des Jahres 1685 eröffneten die Bewohner der Landschaft Gex, die zwei Drittheile ihrer Bevölkerung verlor. Die Mehrzahl fand in der Schweiz Aufnahme, ein Theil blieb auf den Landgütern der Genfer zurück. Den Gexern folgten große Schaaren aus der Dauphiné und dem Languedoc. Der Zudrang war so groß, daß man an einem Tage in Lausanne 2000 Flüchtlinge zählte. Nach Neuenburg kamen 500 Familien. Viele Flüchtlinge fanden auch in Vevey Aufnahme. Genf beherbergte und ernährte während zehn Jahren 4000 Flüchtlinge. Von den großen Opfern, welche fast alle eidgenössischen Orte namentlich aber Zürich, Bern, Basel, Schaffhausen, Neuenburg, St. Gallen, Winterthur, Eglisau u. s. w. für die Hugenotten gebracht haben, geben die Gemeinderechnungen der ersten Stadt einen deutlichen Begriff. Von der Aufhebung des Edictes von Nantes an bis in die Mitte des 18. Jahrhundertes kamen 40.000 bis 50.000 Flüchtlinge durch Zürich, wo sie sich längere oder kürzere Zeit aufhielten. Für die Verpflegung der Unbemittelten brauchte die Gemeinde in runder Summe 500.000 Gulden, 10.000 Mut Korn und 2000 Einer Wein, ohne der Wohlthaten Einzelner zu gedenken. Im Jahre 1686 gab es in Zürich 1000 Hugenotten. Da die Schweiz mehr Durchzugsland für die Réfugiés war und sich hieher meist die Armen wandten, so scheint der Nutzen, der diesem Lande aus der Zuwanderung erwuchs, nicht so groß gewesen zu sein als der augenblickliche Entgang durch die an die Flüchtigen verabfolgten Geldunterstützungen. Später haben sich aber doch die wohlthätigen Folgen dieser Zuwanderung für das Land bemerkbar gemacht. Insbesonders wurde eine Reihe von Gewerben gefördert. So in Genf die Seidenindustrie, die Sammtweberei, die Strumpfwirkerei, die Posamentierarbeit, die Herstellung von Gold- und Silberborten, die Kattundruckerei, die Färberei der Baumwollengewebe. Im Jahre 1685 gab es nicht weniger als 200 französische Goldarbeiter in Genf. Im Waadtlande wurde der Garten- und Weinbau durch die Flüchtigen vervollkommnet. Auch die geistige Entwicklung der französischen Schweiz machte bedeutende Fortschritte. In Zürich siedelten sich französische Lederfabrikanten, Tuchhändler und Strumpfhändler an. Unter diesen Réfugiés war einer, dessen Vermögen sich auf 300.000 Franken belief. Engherzige Furcht vor den Mitbewerbern bewirkte, dass nur einer kleinen Zahl französischer Handwerker Gewerbefreiheit gestattet wurde. Die Ueberzahl der Flüchtlinge führte schliesslich dazu, dass sie seit 1698 zum grössten Theile ausgewiesen wurden, oder dass ihnen wenigstens der Wegzug nahe gelegt wurde. Sie wanderten meist nach Deutschland. In Basel gab es im Jahre 1699 nur mehr 104 Flüchtlinge. In Genf war schon im Jahre 1693 die Noth so gross geworden, dass viele Einheimische gezwungen waren, mit den Flüchtlingen auszuwandern. Das Jahr 1698 brachte eine neue hugenottisch-waldesische Zuwanderung. Im Jahre 1703 erfolgte der Durchzug der Oranier, die sich vorzugsweise in Brandenburg niederliessen. Von den aus den Cevennen in den Jahren 1702—1704 hieher geflüchteten Camisarden wandten sich die meisten nach Württemberg. In den Jahren 1710 und 1711 kamen schliesslich noch sehr viele Gewerbsleute aus der Dauphiné und dem Languedoc in das seit dem Jahre 1707 zu Preussen gehörige Neuenburg. Von der grossen Zahl jener, die sich dauernd in der französischen Schweiz ansiedelten, gibt der Umstand Zeugnis, dass noch im Jahre 1771 in Lausanne 1551 Nachkommen französischer Flüchtlinge lebten, von denen 1145 einen Grundbesitz inne hatten.

Auch in der elsässischen Stadt Mülhausen, die im westfälischen Frieden (1648) als zur Eidgenossenschaft gehörig anerkannt worden war, erstand schon im Jahre 1661 eine französische Flüchtlingskirche.

In Deutschland ward vornehmlich Brandenburg-Preussen eine Hauptzufluchtstätte der Hugenotten. Schon im Jahre 1661 trifft man die ersten französischen Familien in Berlin. Zu Alt-Landsberg wurde durch den Grafen Schwerin eine Colonie gegründet, die schon im Jahre 1670 gegen 90 Communicanten aufwies. Sie zogen aber bald nach Berlin. Im Jahre 1672 wurden daselbst schon über hundert Hugenotten gezählt. Der große Kurfürst lud in einem Erlasse vom 29. October 1685 die Hugenotten ein, sich in seinen Landen niederzulassen. Mehr als 15.000 Hugenotten wandten sich sogleich nach Brandenburg. Dazu kamen im Jahre 1699 noch 3000, die sich vorher in die Schweiz begeben hatten, dann aber nach Brandenburg weiterzogen. Ungefähr 2000 Nachzügler folgten noch in den Jahren 1703 und 1704 aus dem Fürstenthume Orange (Oranien), so daß die Gesammtzahl der hugenottischen Ansiedler in Brandenburg auf rund 20.000 angesetzt werden kann. Zu diesen gesellten sich auch Wallonen, Waldesier, manche Familien aus Genf, dem Waadtlande, Neufchâtel, Montbéliard u. s. w. Die meisten nach Brandenburg gezogenen Hugenotten stammten aus der Dauphiné, dem Languedoc, der Champagne, dem Messin, dem französischen Flandern, dem Sedanschen, der Picardie und Normandie. Alle Berufsarten waren unter ihnen vertreten. Insbesondere werden viele Aerzte, Künstler, Maler und Baumeister erwähnt. Wissenschaft und Kunst verdanken den Réfugiés mittelbar und unmittelbar große Förderung. Davon einige Proben. Auf François Charles Achard wird die praktische Ausbeutung einer der wichtigsten Entdeckungen: der Zuckergewinnung aus der Runkelrübe zurückgeführt. Die Gründung der Hochschule in Halle soll hauptsächlich durch Réfugiés ermöglicht worden sein. Alexander und Wilhelm von Humboldt stammen mütterlicherseits von Hugenotten. Die Kanzelberedsamkeit wurde erst durch die Réfugiés in Brandenburg geweckt. Im allgemeinen förderten die Reformierten auch das Umsichgreifen einer duldsameren Gedankenrichtung. Nicht weniger als 600 französische Officiere kamen an den Berliner Hof. Viele Edelleute traten in das brandenburgische Heer ein oder wurden in das diplomatische Corps aufgenommen. Unter Friedrich dem Großen, dessen Erzieher, Duhan de Jandun, ein Hugenotte war, gab es neun Generäle französischer Abkunft. Nicht weniger als 80 deutsche Stabsofficiere waren im Jahre 1870/71 französischer Herkunft; die meisten jedenfalls Abkömmlinge der Réfugiés. Noch im Jahre 1886 zählte man in Preußen 10 Generäle französischer Abstammung, darunter fünf hugenottischen

Geblüts. — Französische Seeleute wurden vom Kurfürsten bei dem Versuche, eine Seemacht zu schaffen, benützt. Im Jahre 1686 gründete er Niederlassungen auf den Inseln St. Thomas und St. Eustache, wohin sich bald eine große Zahl französischer Protestanten flüchtete, die auf Befehl Ludwigs XIV. nach den Antillen verbannt worden waren. — Das von den Hugenotten nach Brandenburg mitgebrachte Geld wird auf mehr als zwei Millionen Thaler geschätzt. Die französischen Glaubensflüchtlinge förderten in den Gebieten der Hohenzollern Ackerbau, Handel und Gewerbfleiß bedeutend. Vor allem wurde durch die Réfugiés die Großinduſtrie nach Brandenburg-Preußen gebracht. Die Induſtriezweige, in denen namentlich die Thätigkeit der Colonisten zur Geltung kam, waren nach Muret folgende: In erſter Linie die Erzeugung der Wollſtoffe, der Tuche, Zeuge aller Art, der Strümpfe, gewebten Mützen u. ſ. w. Außer in Berlin entſtanden Wollstoffmanufacturen in faſt allen Städten, wo Colonien waren, beſonders aber in Halle, Halberſtadt und Magdeburg. In der letzteren Stadt, in der im Jahre 1709 bereits 700 Webſtühle in Thätigkeit waren und jährlich allein 18.000 Paar Strümpfe gefertigt wurden, baute Labry auch den erſten Strumpfwirkerſtuhl in den Staaten des Kurfürſten; aber auch in Berlin bauten Réfugiés bald vortreffliche Webſtühle. Den Grund zur Verfertigung der feinen Tuche legte François Rouſſel. Die Färberei wurde bedeutend vervollkommnet; die Scharlachund Goblinfärberei eingeführt. Auch die Kunſt der Appretur der Wollſtoffe brachten die Franzoſen mit. Ebenſo den Zeugdruck. Die Fabrikation der Seidenſtoffe, namentlich der ſeidenen Sammte, wurde eifrig betrieben. Die Fabrikation von Florund Gazeſtoffen nahm einen ziemlichen Aufſchwung. Die franzöſiſchen Schneider übten, namentlich was Schnitt und Form betrifft, einen wohlthätigen Einfluß. Viele Franzöſinnen waren auf dem Gebiete der Schneiderei, der Gold- und Silberſtickerei, der Knopf- und Spitzenfabrikation und der Anfertigung künſtlicher Blumen thätig. Die Zahl der Schuhmacher unter den Eingewanderten war bedeutend. Die Verfertigung feinerer Handſchuhe, namentlich der Glacéhandſchuhe, wie auch die Verfertigung feiner Hüte wird ebenfalls auf die Réfugiés zurückgeführt. Die in Verfall gerathene Lohgerberei in der Mark lebte wieder auf. Weniger gedieh die aus Nantes eingeführte Weißgerberei; dasselbe gilt von der Sämischgerberei. Die Fabrikation der Knöpfe aus allen möglichen Stoffen nahm einen großen Aufschwung und beschäftigte viele Réfugiés. In den verschiedenen Zweigen der Metallindustrie erwarben sich die Zugewanderten viele Verdienste. Die Waffenfabrikation hob sich merklich. Schlosser-, Zeug- und Messerschmiede werden rühmend erwähnt. Die Kunst des Metallgusses erhielt gleichfalls durch die Réfugiés rege Förderung. Die französischen Zinngießer zeichneten sich durch Geschmack aus. Die Kupferschmiede lieferten namentlich getriebene Kupferarbeiten. Die Goldschmiede-, Ciselier-, Gravier- und Emaillierkunst fanden in den eingewanderten Franzosen würdige Vertreter. Die Zahl der Uhrmacher war bedeutend. Französische Gobelinarbeiter brachten die Fabrikation von Gobelins nach Berlin. Die Papiererzeugung, die Verfertigung französischer Spielkarten, die Erzeugung des Oels aus Lein- und Rübsamen verdankt man den Franzosen. Die Seifenfabrikation wurde durch sie vervollkommnet. Nebst den feineren Seifen führten sie die grüne und schwarze Seife ein, die für die Tuchfabriken vielfache Verwendung fand. Ein weiterer von den Réfugiés eingeführter Industriezweig war der der gegossenen Lichter. Auch um die Förderung der Glasfabrikation haben die Réfugiés Verdienste. Die brandenburgischen Spiegelgläser wetteiferten nun mit den besten italienischen Spiegeln.

Der Handel blühte durch die Réfugiés mächtig auf. Besonders in den Kurzwaren machten sie bald nicht nur den französischen und englischen, sondern auch den Nürnberger Kaufleuten eine bedeutende Concurrenz.

Die Brauereien und Bäckereien sind den Réfugiés ebenfalls zu Danke verpflichtet. Auch die Kochkunst wurde durch sie beeinflusst: die Réfugiés führten die Suppe ein; die Blutwürste hießen noch lange Zeit „französische Würste". Speisewirtschaften, wie sie früher nicht bestanden, wurden von den Franzosen in's Leben gerufen.

Beheim-Schwarzbach führt folgende Orte an, wo sich Heimstätten der Réfugiés bildeten:

in Städten: Berlin, Malchow, Pankow, Köpenick, Spandau, Schwedt, Vierraden, Straßburg in der Uckermark, Prenzlau, Neustadt a. d. Dosse, Stargard, Kolberg, Stolpe, Angermünde, Burg, Brandenburg, Halle, Magdeburg,

Stendal, Frankfurt a. O., Königsberg, Duisburg, Cleve, Emmerich, Wesel, Soest, Bernau, Oranienburg, Rheinsberg, Müncheberg, Halberstadt, Neuhaldensleben, Cottbus, Hamm. — In Aemtern: Amt Löcknitz: Bergholz, Pleuwen, Zerrentin, Rossow, Grimm, Fahrenwalde, Battin, Wodow, Baggenmühle, Wallmow, Schmöllen. Amt Chorin: Schmargerdorf, Lüdersdorf, Brodowin, Kleinziethen, Großziethen, Paarstein, Chorin. Amt Grambzow: Grambzow, Mechan, Briest, Fredersdorf, Metzow, Hammelspring, Amt Ruppin. — Collin fügt dazu noch folgende: Stettin, Potsdam, Französisch-Buchholz, Cagar, Calbe, Charlottenburg, Fürstenwalde, Lipstadt, Insterburg, Minden, Moabit, Posewalk, Cornow.

Die größte Hugenottensiedelung war Berlin. Unter den 28.500 Einwohnern, welche die preußische Hauptstadt im Jahre 1703 zählte, gab es 5689 Réfugiés, unter ihnen viele Juweliere und Goldschmiede. Für Tuch-, Strumpf- und andere Weberei, sowie für Posamentierarbeit waren in Berlin im Jahre 1724 bei den Réfugiés 876 Webstühle in Thätigkeit. Nach der Berliner war die Magdeburger Niederlassung die zahlreichste. Im Jahre 1709 waren an diesem Orte 700 Webstühle im Gange, die alljährlich neben anderen Dingen 18.000 Paar Strümpfe verfertigten. In der Stadt Burg bei Magdeburg haben die Réfugiés „die Stadtgräben in Gärten verwandelt, den Tabak eingeführt und den Säckel der Stadt gefüllt". In Halberstadt scheinen sich besonders viele französische Schuster seßhaft gemacht zu haben. In der Colonie Halle beschäftigte ein reicher Tuchfabrikant Abraham Valéry allein 50 Arbeiter und 300 Spinnerinnen. Unter den verschiedenen hier blühenden Erwerbszweigen wird auch die Verfertigung zinnerner Knöpfe und der Tabakspfeifen genannt. Eine beträchtliche Zahl Kaufleute und Werkinhaber wandte sich indessen bald nach Leipzig, wo schon seit 1687 die reichsten Halle'schen Hugenotten ihre „Schreibstuben" hielten.

Die Anzahl der eingewanderten Landleute betrug etwa 1800 Personen. Die meisten ließen sich in der Ukermark nieder; sie machten sich hauptsächlich um den Tabaksbau und die Gartenpflege verdient. Der Tabaksbau gelangte in der Ukermark und im Magdeburgischen zu ganz besonderer Entfaltung und rief eine Anzahl Tabakspinnereien und Exporthandlungen in's Leben. Die Erzeugung des Schnupftabakes wurde erst

1738 begründet. Der Gartenbau lag bisher im Argen. „Wenn der Kurfürst Gemüse auf seiner Tafel haben wollte, so wurde es bisher aus Hamburg oder Leipzig besorgt. Jetzt beschafften es die französischen Gärtner... Kostbare Treibhäuser erhoben sich. Spargel, Bohnen, Erbsen, Blumenkohl, Artischocken, Salat, Apfelsinen, Citronen und viele andere Gemüse erhielten jetzt die Einwohner." (Beheim-Schwarzbach.)

Neben Brandenburg war es vornehmlich Hessen-Kassel, das in Deutschland den französischen Glaubensflüchtlingen zu einer Haupt-Heimstätte wurde. Hier ließen sich 5000—6000 Hugenotten, darunter 130 Adelsgeschlechter, nieder. Die französische Gemeinde zu Kassel war 3000, die zu Hanau 1200 Seelen stark. Dann gab es noch Hugenottensiedelungen in Marburg, Immenhofen, Hofgeismar, Karlsdorf, Mariendorf. Wie in Brandenburg schufen die Hugenotten auch in Hessen-Kassel eine Reihe bis dahin ganz unbekannter Gewerbszweige und förderten die schon vorhandenen. So in Kassel unter anderen die Erzeugung von Siebtuch (étamine), Kurzwaren, Bürsten u. s. w. Die französischen Geschmeide von Hanau erwarben sich einen Weltruf. Denis Papin wirkte an der Universität Marburg.

In Hessen-Homburg gründeten Hugenotten in Verbindung mit Waldesiern die Luisenstadt in Homburg selbst und die Orte Friedrichsdorf und Dornholzhausen. Friedrichsdorf wird als diejenige hugenottische Niederlassung in Deutschland bezeichnet, die am längsten das französische Wesen bewahrte. Die Glasindustrie zu Homburg, Königstein und Klarenthal in dieser Landschaft wurde durch die Réfugiés wesentlich verbessert. In Friedrichsdorf blühte die Flanellweberei.

In Bayreuth entstanden 7 hugenottische Gemeinden: Bayreuth, Wilhelmsdorf, Erlangen, Nayla, Müenchaurach, Emskirchen und Neustadt a. d. Aisch. Die Hugenotten in Erlangen, 1000 an der Zahl, legten eine eigene Fabrikstadt an; sie waren meist unbemittelt.

In Anspach verdankt Schwabach den angesiedelten Franzosen sein Fabrikswesen. Außerdem gab es viele Hugenotten auf dem Lande.

In der Pfalz wurde im Jahre 1607 durch deutsche, wallonische und französische Glaubensflüchtlinge die Stadt Mannheim begründet. Im Jahre 1609 wohnten daselbst

(200 Réfugiés. In Heidelberg fanden viele französische Gelehrte eine Zuflucht. Hugenottische Gemeinden bildeten sich auch in Oggersheim, Friesenthal, Franckenthal u. s. w. Doch waren sie nicht von langem Bestande. Als die katholische Neuenburger Linie im Jahre 1685 zur Herrschaft kam, begann die Bedrückung und Quälerei dieser Flüchtlingsgemeinden. Unter Johann Wilhelm (1690—1716) mußten Hugenotten und Waldeser das Land verlassen; sie wandten sich, von protestantischen Pfälzern begleitet, theils nach Preußen, theils nach England und Amerika.

In Württemberg fanden die Hugenotten erst im Jahre 1699 und 1700 Aufnahme. Etwa 400 siedelten sich in Cannstadt an.

In Baden-Durlach werden die Siedelungen Welsch-Neureuth bei Karlsruhe, Pforzheim, Friedrichsthal, Reiher genannt.

Im Kurfürstenthume Sachsen, wo kein Reformierter Bürger werden konnte oder Grundbesitz erwerben durfte, sind nur die hugenottischen Gemeinden zu Leipzig und Dresden nennenswert.

Französische Siedelungen gab es ferner im Herzogthume Nassau; in der Grafschaft Lippe: Bückeburg; in Sachsen-Hildburghausen; in Anhalt-Dessau; in Mecklenburg: Betzow; in Isenburg, wo die Hugenotten die Neustadt bauten; in den Gebieten des Hauses Braunschweig, nämlich in Hannover, Celle, Lüneburg, Hameln; in denjenigen Gebieten des Elsaß, die noch nach dem westfälischen Frieden deutschen Fürsten zugehörten, so im val de lièvre, in Pfalzburg und Bischweiler.

In Hamburg, Frankfurt a. M., in Bremen und Lübeck brachte man den Hugenotten wenig Sympathien entgegen, ja man verweigerte ihnen sogar vom engherzig-lutherischen Standpunkte aus die Ausübung ihres Gottesdienstes. Nach Hamburg brachten die Réfugiés die Erzeugung von feinem Tischlinnen (table linen) und von Lederleinwand (dowlas). Die staatliche Gleichberechtigung wurde ihnen, von der vorübergehenden Napoleonischen Herrschaft abgesehen, erst im Jahre 1819. Aehnlich war es in Frankfurt am Main. Erst im Jahre 1787 gestattete man daselbst innerhalb der Mauern reformierten Gottesdienst. In den Jahren 1685—1704 wanderten durch diese freie Reichsstadt auf ihren Kreuz- und Querzügen auf dem Festlande nicht weniger als 125.000 Flüchtlinge, denen von ihren Glaubensgenossen (Wallonen und Hugenotten) im Ganzen eine Unterstützung von 50.000 Gulden verabreicht wurde. In Bremen beraubte man die Réfugiés im Jahre 1700 ihrer Freiheiten. Im allgemeinen waren es nur die Fürsten, welche die Hugenotten aus praktischen Gründen in's Land riefen. Die lutherische Bevölkerung war den reformierten Fremdlingen sowohl aus confessionellen Gründen als auch wegen der großen Vorrechte, die sie genossen, feindlich gesinnt. Dazu kam der Wettbewerb, der die Einheimischen zwang, ihre Leistungen höher zu spannen, wenn sie mit den Eingewanderten gleichen Schritt halten wollten. Wie weit diese Abneigung, ja dieser Haß der Einheimischen gegen die Fremden oft gieng, ersieht man aus folgendem Beispiele. Im Anspachischen wurde eine Bäuerin angeklagt, dem bei ihr wohnenden Franzosen zwei Fischangeln in's Essen geschafft zu haben, damit er daran seine Verdauungskraft erprobe. Die strenggläubigen lutherischen Geistlichen trugen natürlich nicht wenig dazu bei, daß dieser Abneigung gegen die reformierten Fremdlinge stetig neue Nahrung zugeführt wurde.

In den Niederlanden hatten sich schon im Jahre 1668 mehr als 800 französische Familien niedergelassen. Die Gesammtzahl der nach Holland geflohenen Hugenotten wird auf 55.000—100.000 angegeben. Unter ihnen waren mehr als 200 Priester, 800 Seeleute und 240 reiche Kaufleute mit einem Vermögen von je ungefähr 500.000 Thalern. Im Jahre 1687 sank durch das zuströmende französische Geld der Zinsfuß an der Amsterdamer Börse von 4 auf 2 von Hundert. Die meisten Hugenotten siedelten sich an in: Amsterdam (hier zählte man zu Ende des Jahrhundertes ungefähr 15.000 Réfugiés), Rotterdam, Haag, Leyden, Delft, Arnhem, Breda, Dordrecht, Gröningen, Harlem, Maestricht, Middelburg, Nymwegen, Utrecht, Zwolle mit Doorburg. An diesen Orten gibt es noch heute französische Pastoren. Im Ganzen bildeten sich in Holland 60 Flüchtlingsgemeinden. Schon im Jahre 1681 vor der Aufhebung des Edictes von Nantes gewährte die Stadt Amsterdam allen nach Holland geflohenen Hugenotten das Bürgerrecht. Im Jahre 1715 wurde dies auf alle Generalstaaten ausgedehnt. Im Jahre 1689 zogen viele französische Familien aus der Pfalz, wo sie drei Jahre eine Zuflucht gefunden hatten, in Folge der Verwüstung dieses schönen Landes durch die Franzosen nach den Niederlanden. Dasselbe thaten die Reformierten von Lille, als diese Stadt mit dem dazu gehörigen Gebiete durch den Frieden von Utrecht wieder unter französische Herrschaft kam. Auch die holländischen Niederlassungen nahmen einige tausende Hugenotten auf. Mehrere Hunderte fanden eine neue Heimat in Surinam. In Paramaribo wurde eine französische Kirche gegründet. Das von den Franzosen dort urbar gemachte Land heißt noch heute Providence. Die Zahl der Zuckerpflanzungen, welche die Hugenotten daselbst unterhielten, belief sich im Jahre 1686 auf nicht weniger als 130. Gegen Ende des 17. Jahrhundertes bildete sich im Caplande eine Colonie von etwa 3000 Hugenotten im sogenannten Franzosenthale (vallée des Français) mit den Dörfern Drachenstein, Franzosenwinkel, Charron, Perle. Die französischen Bäcker des Caplandes erfreuten sich wegen ihrer guten Ware eines hohen Ansehens. Das Capland verdankt den Hugenotten namentlich die Einführung feinerer Obstgattungen und die Anpflanzung der Weine von Burgund, der Champagne, von Frontignan und Constanz. Merkwürdigerweise verbot die holländische Regierung, die sich dabei nur von einseitigen nationalen Gesichtspunkten leiten ließ, im Jahre 1739 den eingewanderten Hugenotten von nun ab die Ausübung ihres Gottesdienstes in französischer Sprache.

Auch in Holland wurden viele Erwerbszweige, namentlich die Seiden-, Leinen- und Wollindustrie, die Hutmacherei, die Papiererzeugung und der Buchhandel durch die französischen Flüchtlinge wesentlich gefördert. Die holländische Flotte und das holländische Heer erhielten beträchtlichen Zuwachs namentlich aus den Küstengebieten von Guienne, Saintonge, La Rochelle, Poitou und der Normandie. Unter den vielen nach Holland aus Frankreich geflohenen Gelehrten sind vor allen Descartes, Bayle, Jurien zu nennen; auch der berühmte Astronom und Mathematiker Huyghens, der durch Colbert nach Frankreich gezogen worden war, verließ nach der Aufhebung des Edictes von Nantes Frankreich und kehrte in seine Heimat zurück.

Obwohl in Dänemark die strenggläubige lutherische Geistlichkeit den calvinistischen Réfugiés nicht günstig gesinnt war, so ließen sich doch Flüchtlinge in diesem Lande nieder.

Es bildeten sich hugenottische Colonien in Kopenhagen, Altona, Glückstadt, Friedericia. Die Flüchtlingsgemeinde in Kopenhagen zählte im Jahre 1751 ungefähr 800 Mitglieder. In Friedericia bestand die französische Colonie am Ende des 18. Jahrhundertes noch aus 500—600 Leuten. Einige siedelten sich auch in Island an und brachten dorthin den Flachsbau und die Leinenweberei. Die Einwanderer in die dänischen Besitzungen waren meist Soldaten, Bauern und Handwerker: Hufschmiede, Böttcher, Weber, Glaser, Tuchmacher u. s. w. Der Anbau des Tabakes, ebenso der des Kohles, der Rüben und auch anderer Gemüse wurde durch die Hugenotten theils eingeführt, theils vervollkommnet. Etwa 40 hugenottische Familien wanderten noch nach dem Jahre 1720 aus preußischem Gebiete, aus Bergholz, Schwedt und Angermünde ein.

Rußland, das seit der Mitte des 16. Jahrhundertes den Ausländern gegenüber Duldsamkeit in religiöser Hinsicht, wenigstens innerhalb gewisser Grenzen, geübt hatte[1]), öffnete im Jahre 1668 durch einen kaiserlichen Ukas den Hugenotten das Reich. Es bildeten sich Ansiedelungen in Petersburg, Moskau, Archangel, Odessa, Chabac, Makarjew a. d. Wolga. Nebst Handwerkern und Künstlern waren hauptsächlich hugenottische Soldaten in's Land gewandert. Sehr viele Franzosen ließen sich in's russische Heer einreihen; Voltaire spricht sogar von 4000. Bei der großen Unduldsamkeit, die damals noch in vielen Ländern Europas herrschte, ist folgende Stelle aus einer Kundmachung Peters des Großen vom 16. April 1702, welche wegen der Berufung von Ausländern erlassen wurde, sehr merkwürdig. Es heißt darin: „Und wie auch bereits in unserer Residenz Moskau das freie exercitium religionis allen anderen, obwohl mit unserer Kirche nicht übereinstimmenden Secten eingeführt ist, so soll solches auch hiermit von Neuem bestätigt sein, solchergestalt, daß wir bei der uns von dem Allerhöchsten verliehenen Gewalt uns keines Zwanges über die Gewissen der Menschen anmaßen und gerne zulassen, daß ein jeder Christ auf seine eigene Verantwortung sich die Sorge seiner Seligkeit lasse angelegen sein." Das sind gewiß

---

[1]) Nur die Katholiken und Juden blieben von dieser Segnung ausgeschlossen. Bis zum Ende des 17. Jahrhundertes war es den Katholiken verboten, sich in Rußland niederzulassen und Kirchen zu bauen.

schöne Worte. Leider hat sie Peter der Große nicht immer, zumal nicht seinen einheimischen Unterthanen gegenüber, befolgt.

In Polen werden insbesondere die französischen Gemeinden zu Warschau und Danzig genannt. Seit 1701 gab es auch eine solche in Mitau in Lithauen, das damals zu Polen gehörte.

In Schweden ergieng unter Karl XI. an die lutherische Geistlichkeit der Befehl, die Kinder der Réfugiés zu taufen. Deshalb ließen sich in diesem Lande nur wenige Hugenotten nieder. Solange Riga unter der Herrschaft der Schweden stand, duldete die streng lutherische Regierung keine reformierten Gemeinden; als aber Riga unter russische Botmäßigkeit kam, wurde es anders. In den deutschen Besitzungen des Schwedenreiches fanden aber doch einige hundert Hugenotten eine neue Heimat. Es waren solche, die bei der Uebervölkerung Hollands dort nicht gediehen.

Auch in Konstantinopel gab es eine kleine Flüchtlingsgemeinde, deren Mitglieder mit Uhren, Gold, Edelsteinen und Schmuck aller Art einen einträglichen Handel trieben.

Nach Siebenbürgen, in's Sachsenland, wurden ebenfalls einige Hugenotten verschlagen.

Schon seit der Einnahme von La Rochelle (1628) suchten zahlreiche Hugenotten eine Zuflucht im englischen und holländischen Amerika. In Boston (Massachusetts) gab es schon im Jahre 1662 eine hugenottische Siedelung. Ebenso bildeten sich Niederlassungen in den anderen Staaten. Im Staate New-York waren sie im Jahre 1656 so zahlreich, daß alle öffentlichen Ankündigungen und Gesetzesvorschriften in holländischer, englischer und französischer Sprache ausgiengen. An Zahl und Gütern kamen sie den Holländern am nächsten. In Harlem und Gowanus saßen Hugenotten. Da das Klima Südcarolinas den Bewohnern Südfrankreichs am besten zusagte, wandten sich die meisten dorthin. So schifften sich aus den holländischen Häfen allein ungefähr Tausend dahin ein. Obwohl die anglikanische Hochkirche vorherrschte, genossen doch alle christlichen Bekenntnisse hier Duldung. 400 französische Familien, die sich in Carolina ansässig gemacht hatten, baten um die Erlaubnis, sich in dem französischen Gebiete Louisiana niederzulassen. Diese Erlaubnis wurde ihnen verweigert, wie nicht anders zu erwarten war. Die bedeutendsten

Einwanderungen werden in den Jahren 1686, 1687, 1699 und 1700 verzeichnet. Im Jahre 1686 landeten unter anderen 45 Familien auf Rhode-Island. Im Jahre 1687 wurden 600 Hugenotten auf Kosten des Reliefcommittee in England nach Amerika gebracht. In den Jahren 1699 und 1700 kamen nicht weniger als 1000 französische Reformierte — nach anderen Angaben 600 Familien — nach Florida, Südcarolina und Virginien.

Die Gesammtzahl der nach Amerika geflohenen Hugenotten wird sich kaum ermitteln lassen. Mir wenigstens sind bisher keine allgemeinen Angaben darüber bekannt geworden. Doch gestatten schon die oben angeführten Zahlen den Schluß, daſs in den größeren Staaten die Zahl der Hugenotten ziemlich beträchtlich gewesen sein muß. Wie Bancroft in seiner Geschichte der Vereinigten Staaten ausführt, ist die Bevölkerung der englischen Siedelungen in der Zeit von 1675 bis 1688 von etwa 100.000 auf 200.000 gestiegen. Da nun in diese Zeit die Aufhebung des Edictes von Nantes fällt und an den Auswanderungen Engländer, Deutsche und Franzosen ziemlich gleichmäßig betheiligt gewesen sein mögen, so kann die hugenottische Einwanderung in Amerika wohl zwischen 30.000 und 40.000 betragen haben. Doch ist dies nur eine Vermuthung ohne feste Grundlage.

Aus allen Theilen Frankreichs, insbesondere aus den südwestlichen Landschaften zogen Franzosen meist über England nach Amerika. Baird hat die Schicksale vieler dieser Familien in seinem zweibändigen Werke über die hugenottische Einwanderung in Amerika geschildert. Da finden sich Familien aus: La Rochelle und Umgebung; aus Saint Nazaire, Soubise Hiers, Marennes, La Tremblade, Arvert, Royau, Meschers, Saint-Palais, St. Georges, Saujon, Medis, Musson, Arces, Cozes, Chenac, Saint Jean d'Angely, Mirambeau, Barbezieur, Pons in Saintonge; aus Châtellerault, Soſsais, Loudun, Poitiers, La Chaume, Talmont, Monchamps, Sigournais, Niort, Thorigne, Benet, Cherveur, Saint Mairent, Lusignan, Beauſsais, Leporet, Chenay, La Forge-Nocey, Sainte-Soline, Aulnay, La Ville-dieu in Poitou; aus Tours in der Touraine; aus Caen, Rouen, Lyons-la-Forêt, Dieppe, St. Lô, l'Aigle, Harfleur, Montivilliers in der Normandie; aus Vitré, Sacé, Nantes in der Bretagne; aus Saint-Quentin,

Bahain in der Picardie; aus Orléans, Châteaudun, Meaux, Saint-Sévère in Berri; Buzançais, Metz, Sedan, Lyon; aus La Poulte, Montpellier, Toulouse, Castres, Nismes, Saint-Ambroix, Saint André de Valborgne, Fangères, Mazamet im Languedoc; aus Die, Crescléour in der Dauphiné; aus Montauban, Bordeaux, Caussade, Bergerac, Duras, La Roche Chalais in Périgord, Villeneuve, Cardaillac, Figeac in der Guyenne; aus der Grafschaft Foix.

Diese Familien ließen sich in folgenden Staaten nieder: In New-York: New-Rochelle, New-Pfalz in Ulster County; Deerpark in Orange County; auf Staaten Island; auf Long Island: Gravesend und Southhampton; in der Stadt New-York (Neu-Amsterdam). — Massachusetts: Boston, Oxford. — Connecticut: Milford, Hartford, Norwalk. — Pennsylvanien: Philadelphia. — Rhode-Island: Narranganset-colony. — Delaware. — New-Jersey. — Virginia: Man-kintown oder Jamestown, Richmond. — Süd-Carolina Charlestown. — Florida.

Manche Hugenotten kamen nicht geradewegs aus Frankreich, sondern aus den verschiedenen hugenottischen Niederlassungen im protestantischen Europa. So wanderten Hugenotten aus Magdeburg, Battin, Bergholz nach Amerika aus, so daß ein Neu-Bergholz in der Nähe des Niagara entstand. — Auf den französischen Antillen: St. Christophe, Guadeloupe und Martinique fanden in den 50 Jahren, die dem Widerrufe des Edictes von Nantes vorausgiengen, sehr viele Hugenotten aus Frankreich eine Zuflucht, so daß die hugenottische Bevölkerung der katholischen beinahe die Wagschale hielt. Die französische Regierung hatte im Jahre 1655 zwar den Auftrag erlassen, keine Ketzer aufzunehmen. Aber dies wurde nicht beachtet. In dem Maße freilich, als die Verfolgungen in der Heimat begannen, wurde auch die Lage der Hugenotten auf den Antillen unbehaglicher. Es fehlte nicht an Ausbrüchen von Glaubenshaß gegen die Ketzer. In den Jahren 1686 bis 1688 überschiffte man — wegen Ueberfüllung der Gefängnisse — mehr als tausend Hugenotten aus Frankreich zwangsweise nach den Antillen: Guadeloupe, St. Martin, St. Eustache und St. Domingue, um dort als Arbeiter in den Pflanzungen verwendet zu werden. Die hugenottische Bevölkerung der französischen Antillen wanderte in Folge der auch hier ausgebrochenen Bekehrungswut zum Großtheile nach den holländischen und englischen Inseln, namentlich nach Jamaica aus. Nach New-York kamen einige 60 dieser Flüchtigen. Andere ließen sich auf den Bermudas nieder. Die Hugenotten, die sich nach Amerika wandten, gehörten allen Berufsstellungen, viele darunter den höheren Gesellschaftskreisen an. Auch Amerika verdankt den Hugenotten vielerlei; sie halfen mit an der Ausrodung und Urbarmachung der Wälder; sie führten neue Nutzpflanzen und deren Anbau ein; sie begründeten die Seide- und Wollindustrie in Südcarolina; sie legten Weinberge und Olivenhaine in dieser Niederlassung an. Auch die Geistespflege haben sie mächtig beeinflußt. Besonders machten sie sich durch Gründung des ersten amerikanischen Gymnasiums um ihre neue Heimat verdient. „Von den sieben Präsidenten, welche während des Unabhängigkeitskrieges die Geschicke Amerikas leiteten, waren drei Hugenotten." Die Hugenotten bewahrten lange ihre Stammeseigenthümlichkeit. „Bis zum Jahre 1750, sagt Hopp, läßt sich das hugenottische Element als ein gesondertes in den Colonien Amerikas verfolgen; in der zweiten Hälfte des 18. Jahrhundertes lösten sich die Verbände, auch die kirchlichen, da kein frischer Nachschub[1]) aus der alten Heimat kam, sie wurden amalgamiert und verschwanden im Amerkanismus." Die Einbürgerung der Hugenotten erfolgte in Massachusetts und Maryland im Jahre 1666, in Virginien im Jahre 1671, in Carolina im Jahre 1697 und im Staate New-York im Jahre 1705.

Die Entwicklung, das allmähliche Aufgehen der verschiedenen Ansiedelungen in ihrer neuen Heimat kann hier nicht verfolgt werden. Hinsichtlich der Hugenotten wolle man Collin, Geschichte der französischen Colonie in Magdeburg, welche im 1. Bande die Acclimatisation und den Verfall der französischen Colonien eingehend behandelt, wie auch Beheim-Schwarzbach's: Hohenzollern'sche Colonisationen 6. Buch: Die Colonie im Staate einsehen.

In Frankreich hatten sich trotz aller Verfolgungen viele Hugenotten insgeheim erhalten. Als man im Jahre 1717 eine Versammlung von 74 Hugenotten in Andure überraschte, sandte man die Männer auf die Galeeren und die Frauen ins Gefängnis. Durch die Declaration vom 14. Mai 1724

---

[1]) D. h. wohl richtiger: kein ausgiebiger Nachschub. Siehe weiter unten.

wurde das Edict von Fontainebleau wieder aufgefrischt und verschärft. Eine neue Zeit der Verfolgungen begann. Schweden benützte diesmal die Gelegenheit, den Verfolgten eine neue Heimat anzubieten. Wie viele Franzosen von dieser Einladung Gebrauch machten, konnte ich nicht erfahren. Wie sehr die Verfolgung in Frankreich noch in der Mitte des 18. Jahrhundertes wüthete, ersieht man daraus, daß in den Jahren 1745 und 1746 in Grenoble allein 500 Leute des Glaubens wegen zum Tode, zu den Galeeren oder beständigem Gefängnisse verurtheilt wurden. Noch im Jahre 1762 werden ähnliche Verurtheilungen erwähnt. In Folge dieser Verfolgungen kam es zu großen Auswanderungen. So erhielten die hugenottischen Siedelungen in Irland in den Jahren 1751 und 1752 einen Zuwachs von 500—600 Leuten aus dem Languedoc, die zuerst in die Schweiz und von da den Rhein hinab über Rotterdam nach Irland zogen. Manche ließen sich auch dauernd in der Schweiz und in den evangelischen Kantonen nieder. In demselben Jahre sollen sich auch 1600 Protestanten, meist Franzosen, in Süd-Carolina niedergelassen haben. Noch im Jahre 1764 wanderten 212 französische Familien (?) nach Carolina aus; sie gründeten Neu-Bordeaux. Die Meldung aber, daß sogar im Jahre 1782 nicht weniger als 16.000 (???) Protestanten, darunter eine große Zahl Franzosen, in Südcarolina ankamen, vermag ich auf ihre Richtigkeit oder Unrichtigkeit hin nicht zu prüfen.¹)

Erst die französische Revolution machte jedweder Bedrückung um des Glaubens willen ein Ende.

Wir haben bisher fast ausschließlich von dem Nutzen gesprochen, den die Hugenotten den Ländern brachten, wo sie aufgenommen wurden. Selbstverständlich verursachten sie auch zumtheil Schaden. Abgesehen von den Lasten, die durch vorläufige Verpflegung der Armen unter den Ankömmlingen den betreffenden Gemeindewesen erwuchsen, der Beeinträchtigung der einheimischen Gewerbetreibenden durch den fremden Wettbewerb, die Nachahmung französischen Wesens u. s. w. u. s. w. nahmen ja die Glaubensflüchtlinge nebst ihren Vorzügen auch ihre Fehler und Schwächen mit in die neue Heimat. Aber es ist ganz zweifellos, daß die sittlichen Vorzüge die sittlichen

¹) Wahrscheinlich beruht diese Angabe auf einer Verwechslung mit der Auswanderung aus dem Jahre 1752 und einem Lesefehler: 16.000 statt 1600.

Nachtheile überwogen. Der Zufluß überzeugungstreuer Menschen ist unter allen Umständen ein Gewinn für jedwede Gemeinschaft. Um nun den Nutzen, den diese aus Frankreich ausgeschiedenen Hugenotten im allgemeinen ihrer neuen Heimat als Morgengabe brachten, kurz zusammenzufassen, können wir nichts besseres thun, als Collins Worte anzuführen: „Sie haben viele Morgen Sumpfland mühsam entwässert, weite Strecken Flugsand fest und fruchtbar gemacht, viel Felsboden mit Humusschicht überzogen, viele Ruthen jungfräulichen Bodens zuerst urbar gemacht, viele Meilen Kanäle gegraben, viele Chausseen angelegt, viele Urwälder gelichtet, viele Forste ergiebig bewirthschaftet, viele Stromschnellen durch Schleusen fahrbar gemacht, viele Vorwerke angelegt, Erzminen erschlossen und Leuchtthürme gebaut ... Was später der protestantischen Länder Stolz und Reichthum war, der Zwiebelhandel von Harlem, die Buchdruckerei von Amsterdam, die Uhrenfabrikation von Genf, die Seidenwebstühle von London und Canterbury, die Papierfabrikation von Bath, die Stahlarbeiten von Sheffield, die Battiste von Edinburg, die Segeltücher von Ipswich, die Taffete von London, die Sammte von Manchester, der Pfälzer Tabak, die märkischen Kartoffeln, die dänischen Erdbeeren, die Berliner Cichorien, die Magdeburger Seidenstrümpfe, die Wollen- und Seidenzeuge von Charlestown, die Weinberge und Olivenwälder von Süd-Carolina: alles dies stammt, seinem ersten Anstoße nach wenigstens, von den Réfugiés."

Quellen.

Agnew, Protestant Exiles from France in the reign of Louis XIV.; or the Huguenot Refugees and their descendents in Great Britain and Ireland. London, 1871.

Baird, History of the Huguenot Emigration to America. New-York, 1885. 2 Bände.

Bancroft, History of the United States of America, from the discovery of the continent. New-York, 1885 u. ff.

Beheim-Schwarzbach, Hohenzollern'sche Colonisationen. Leipzig, 1874.

Benrath, Bernardino Ochino von Siena. Leipzig, 1875.

Benrath, Mario Galeota. Zur Geschichte der Reformation in Neapel. Raumer historisches Taschenbuch. Leipzig, 1885.

Bezold, Geschichte der deutschen Reformation. Berlin, 1886.

Brückner, Culturhistorische Studien. II. Die Ausländer in Rußland im 17. Jahrhunderte. Riga, 1878.

Brückner, Peter der Große. Berlin, 1879.

Buckle, History of civilisation in England. Leipzig, 1865.

Burn, John Southerden: The history of the French, Walloon, Dutch, and other foreign Protestant refugees settled in England, from the reign of Henry VIII. to the Revocation of the Edict of Nantes: with notices of their trade and commerce, copious extracts from the registers, lists of the early Settlers, ministers etc. etc. London, 1846.

Büsch, Versuch einer Geschichte der hamburgischen Handlung. Hamburg, 1797.

Castro, Historia de los Protestantes espanoles y de su persecucion por Felipe II. Cadiz, 1851.

Claessens, L'inquisition et le régime pénal pour la répression de l'hérésie dans les Pays-Bas du Passé. Turnhout, 1886.

Contreras, Nuevos datos sobre la guerra y expulsion de los Moriscos. Revista de Espana. Madrid, 1879.

Cooper, Lists of foreign protestants, and aliens, resident in England 1618—1688 from returns in the state paper office. Printed for the Camden Society, 1842.

Cooper, Protestant Refugees in Sussex (Sussex Archaeological collections, relating to the history and antiquities of the country) vol. XIII. 1861.

Dalton, Geschichte der reformierten Kirche in Rußland. Gotha, 1865.

Dieterici, Die Waldenser und ihre Verhältnisse zu dem Brandenburgisch-Preußischen Staate. Berlin, 1831.

Dieterici, Ueber die frühere und gegenwärtige Bevölkerung der jetzigen Provinzen Brandenburg-Preußen, Pommern, Posen, Sachsen, Westfalen, Rhein und Schlesien. Mittheilungen des statistischen Bureaus in Berlin, 1850 und 1851.

Droin Moïse, Histoire de la Réforme en Espagne. Lausanne, 1880.

Erman et Reclam, Mémoires pour servir à l'histoire des réfugiés français. Berlin, 1782.

Floquet, Histoire du Parlement de Normandie. (Citiert bei Smiles.)

Génard, Anvers à travers les âges. Bruxelles, 1888.

Georgii-Georgenau, Biographisch-genealogische Blätter aus und über Schwaben. Stuttgart, 1879.

Gerbert, Geschichte der Straßburger Sectenbewegung zur Zeit der Reformation. 1524—1534. Straßburg, 1889.

Haeghens van der, Du nombre des protestants exécutés dans les Pays-Bas en vertu des placards sur l'hérésie. Bruxelles, 1889. (War mir nur aus der Besprechung in Jastrows Jahresberichten für die Geschichtswissenschaft bekannt.)

Hertzberg, Geschichte der Byzantiner und des Osmanischen Reiches bis gegen Ende des 16. Jahrhundertes. Berlin, 1883.

Hoffmann, Geschichte der Inquisition. Einrichtung und Thätigkeit derselben in Spanien, Portugal, Italien, den Niederlanden, Frankreich, Deutschland, Süd-Amerika, Indien und China. Bonn, 1878.

Hopp, Bundesstaat und Bundeskrieg in Nordamerika. Mit einem Abriß der Colonialgeschichte als Einleitung. Berlin, 1886.

Jobez, La France sous Louis XV 1715—1774. Tome II. Paris, 1865.

Kapp, Geschichte der deutschen Einwanderung in Amerika. Leipzig, 1868.

Keller, Geschichte der Wiedertäufer und ihres Reiches zu Münster. Münster, 1880.

Kolb, Culturgeschichte der Menschheit mit besonderer Berücksichtigung von Regierungsform, Politik, Religion, Freiheits- und Wohlstandsentwicklung der Völker. 2 Bände. Leipzig, 1872—1873.

Krasinsky, Geschichte des Ursprunges, Fortschrittes und Verfalles der Reformation in Polen und ihres Einflusses auf den politifchen, fittlichen und literarifchen Zuftand des Landes. Aus dem Englifchen überfetzt. Leipzig, 1841.

La Rigaudière, Histoire des persécutions religieuses en Espagne. Juifs-Mores-Protestants. Paris, 1860.

Lecky William Edward Hartpole. A history of England in the eighteenth century. London, 1878—1882.

Loebell, Hiftorifche Briefe über die feit dem Ende des 16. Jahrhunderts fortgehenden Verlufte und Gefahren des Proteftantismus. Frankfurt a. M. und Erlangen, 1861.

Mac Crie, History of the Progress and suppression of the reformation in Italy in the sixteenth century: including a sketch of the history of the reformation in the Grisons. Edinburgh, 1827.

Mac Crie, History of the progress and suppression of the Reformation in Spain in the sixteenth century. Edinburgh, 1829.

Martin, Histoire de France depuis les temps les plus reculés jusqu'en 1789. Band XV. Paris, 1865.

Maurenbrecher, Karl V. und die deutfchen Proteftanten 1545—1555. Düffeldorf, 1865.

Maurenbrecher, Studien und Skizzen zur Gefchichte der Reformationszeit. Leipzig, 1874.

Meaux, Les luttes religieuses en France au seizième siècle. Paris, 1879.

Michel Francisque, Les Ecossais en France et les Français en Ecosse. Londres, 1862.

Mörikofer, Gefchichte der evangelifchen Flüchtlinge in der Schweiz. Leipzig, 1876.

Motley, The rise of the Dutch republic. III. Band. London, 1855.

Muret, Gefchichte der franzöfifchen Colonie in Brandenburg-Preußen. Berlin, 1885.

Philippfon, Wefteuropa im Zeitalter Philipps II., Elifabeths und Heinrichs IV. Berlin, 1882.

Philippson, La contre-révolution religieuse au 16e siècle. Bruxelles. 1884.

Prescott, History of the reign of Philip the Second king of Spain. London, 1855.

Ranke, Die Osmanen und die fpanifche Monarchie im 16. und 17. Jahrhunderte. Leipzig, 1877.

Read Charles et Fr. Waddington. Mémoires inédits de Dumont de Bostaquet, gentilhomme Normand. Sur les temps qui ont précédé et suivi la révocation de l'édit de Nantes sur le refuge et les expéditions de Guillaume III en Angleterre et en Irlande. Paris, 1864.

Rimpler, Ueber innere Colonisationen und Colonisationsversuche in Preußen. (Schriften des Vereins für Socialpolitik.) XXXII. 1886.

Ritter, Deutsche Geschichte im Zeitalter der Gegenreformation und des dreißigjährigen Krieges 1555—1648. Stuttgart, 1889.

Rochau, Die Moriscos in Spanien. Leipzig, 1853.

Rupp, Chronologisch geordnete Sammlung von mehr als 30.000 Namen von Einwanderern in Pennsylvanien aus Deutschland, Holland, Frankreich u. a. St. von 1727 bis 1776, mit Angabe der Schiffe, des Einschiffungsortes und des Datums der Ankunft in Philadelphia, nebst geschichtlichen und anderen Bemerkungen, sowie Nachweisung von mehr als tausend deutschen und französischen Namen in New-York vor dem Jahre 1712. Philadelphia 1880. (Englisch und deutsch.)

Schaeffer, Les Huguenots du seizième siècle. Paris, 1870.

Schickler, Les églises du Refuge. Paris, 1882. (Bei Collin citiert.)

Schiemann, Rußland, Polen und Livland bis ins 17. Jahrhundert. Berlin, 1886.

Schmoller, Die preußische Colonisation des 17. und 18. Jahrhunderts. Schriften des Vereines für Socialpolitik. XXXII. 1886.

Schön Theodor, Protestantische Exulanten und Flüchtlinge und deren Nachkommen in Württemberg. Blätter für württembergische Kirchengeschichte. Stuttgart, 1890. Nr. 3 und 4.

Schott, Die Aufhebung des Edictes von Nantes im October 1685. Halle, 1885. Schriften des Vereines für Reformationsgeschichte.

Sismondi, Histoire des Français, 19. Band. Paris, 1835.

Smiles. The Huguenots, their settlements, churches and industries in England and Ireland. London, 1867.

Soldan, Frankreich und die Bartholomäusnacht. (Raumer histor. Taschenbuch 1854.)

Soldan, Geschichte des Protestantismus in Frankreich bis zum Tode Karls IX. Leipzig, 1855.

Stricker, Zur Geschichte der französischen Colonien in Deutschland.

Collin, Die französischen Colonien in Oranienburg, Köpenick und Rheinsberg. Zeitschrift für preußische Geschichte und Landeskunde. 1876.

Collin, Geschichte der französischen Colonie von Magdeburg. 3 Bd. Halle, 1886 — 1889.

Vaughan, The protectorate of Oliver Cromwell, and the state of Europe during the early part of the reign of Louis XIV. London, 1838.

Voltaire, Siècle de Louis XIV. 1739.

Waddington, Le protestantisme en Normandie, depuis la

révocation de l'édit de Nantes jusqu'à la fin du XVIII⁰ siècle (1685—1787).

Walder, Rußland und die katholische Kirche. Raumer histor. Taschenbuch. Leipzig, 1876.

Weiss, Histoire des réfugiés protestants de France depuis la révocation de l'édit de Nantes jusqu'à nos jours. Paris 1853.

Zais, Verriers français dans la montagne de Taunus (D'après les archives de l'état de Wiesbaden). La chronique des arts et de la curiosité. (War mir nur aus der Besprechung in Jastrows Jahresberichten der Geschichtswissenschaft, Jahrgang 1890, bekannt.)

Mehrere Verfasser, The French settlers in Ireland. The Ulster Journal of Archaeology. 1853—62.

Unbekannter Verfasser, Antwerpen, was es war, ist und werden kann. Hamburg, 1803.